Ursula Spindler-Niros

Mein Blick auf Griechenland

Kontraste in einem bemerkenswerten Land

Verlag der Griechenland Zeitung

Die Gegensätze, die einen anziehen

Als ich in den 1970er Jahren nach Griechenland gekommen war, hatte ich damals schon den festen Vorsatz, mich dort einzuleben, voraussichtlich für immer. Mich beglückten natürlich die Schönheit der Landschaften, der Vegetation und der antiken Stätten, Sonne, Licht und Meer. Doch sehr bald fielen mir im Zusammenleben, in den gesellschaftlichen Sitten und Gepflogenheiten, im Charakter vieler Menschen, denen ich begegnete, Merkwürdigkeiten auf, die ich mir so nicht hatte vorstellen können. Sie waren geprägt von erstaunlichen Gegensätzen, von teilweise ausgesprochenen Paradoxa, und sie gaben mir etliche Rätsel auf. Schönes und grotesk Hässliches standen nebeneinander, und zwar nicht von der Natur, sondern von den Menschen verursacht. Traditionen erschienen mir liebenswert, oft aber auch starr, sinnlos und beschwerlich. Uralte Weisheiten, philosophisches Abwägen schlossen Unwissenheit, Aberglauben und auch Schlitzohrigkeit nicht aus. Die Persönlichkeit vieler meiner Mitmenschen zeigte sich in krassen Polaritäten. Sie begegneten mir und sich untereinander außerordentlich liebenswürdig und hilfsbereit, aber auch, wohlgemerkt dieselben Menschen, unhöflich, manchmal grob und angriffslustig … Je nach Lage der Dinge. Ich kam ins Grübeln und fand Erklärungen, und dieses Beobachten, Nachdenken und Forschen hält auch nach drei Jahrzehnten immer noch an.

Vor gut fünfzehn Jahren begann ich, meine Erlebnisse, Gedanken und Empfindungen in den kleinen Texten niederzuschreiben, wie Sie sie in diesem Buch finden. Ich hoffe, dass dabei ganz groß die Liebe in Erscheinung tritt, die ich für das heutige Hellas und die Hellenen empfinde. Aber auch die aktuelle Sorge darum, dass wir die alte Weisheit, die überkommene und die heutige Schönheit, die warme Menschlichkeit und auch die Leidenschaften dieses Gründervolkes unserer europäischen Kultur für unser vielfältiges modernes Europa verlieren könnten.

Ursula Spindler-Niros

1. Auflage 2012

HellasProducts GmbH, Athen
www.griechenland.net

Texte: Ursula Spindler-Niros
Layout: Harry Glitsis
Umschlagfoto: Jan Hübel

ISBN 978-3-99021-006-2

Die Farbe Blau

In meinem Bücherschrank fällt ein Regal besonders auf, weil fast jedes Buch dort blau gebunden ist: die Griechenlandliteratur. In kaum einem anderen Land wird eine einzige Farbe derart intensiv gepflegt und, wo immer es ästhetisch möglich ist, als Anstrich verwendet. Das Griechisch-Blau, tief, leuchtend und doch hell, steht, wo es auch auftaucht, in Verbindung zu Weiß: weiße Streifen und weißes Kreuz auf der blaugrundigen Fahne, weißgekalkte Hauswand mit blauem Fensterladen, blaue Tischchen vor weißer Brüstung, von weißen Gestaden gerahmte Meeresbläue, segelnde weiße Wolken im blauen Sommerhimmel ... „Mein Gott“, dichtete Odysséas Elýtis, „wieviel Blau verschwendest du, damit wir dich nicht sehen!“

Dass mit Meer und Himmel das Blau die beherrschende Farbe der griechischen Landschaft ist, obwohl da noch das Grau der Berge, das Rotbraun der Erde und das Grün der Pinienwälder und fruchtbaren Täler ist, liegt an der dominierenden Existenz der griechischen Sonne. Sie scheint zwischen Mai und September durchschnittlich neuneinhalb Stunden am Tag ungetrübt und erzeugt die strahlende Himmelsbläue und das Meeresblau, das je nach Wassertiefe, Meeresgrund und Sonnenstand zwischen samtigem Dunkel-, leuchtendem Türkis- und zartem Pastellblau variiert. Man könnte jetzt darüber spekulieren, warum nur Griechenland und nicht auch etwa Spanien und Italien sich diese Bläue auf die Fahnen geschrieben haben. Für andere Mittelmeerländer geht

Tiefes Blau auf der Kykladeninsel Santorin

die Bedeutung des Meeres dort bereits zu Ende, wo es beginnt: an den Küsten, die fast immer auch die Landesgrenzen bilden. Nicht so in Griechenland. In seinen tausendfachen zerklüfteten Buchten, Inseln und Eilanden ist das blaue Meer beständiger Teil des bewohnten Landes, immer gegenwärtig, und von einer griechischen Küste führt das Meer zur nächsten griechischen Küste ... ein Grund dafür, warum Griechenland über die Jahrtausende hin die wichtigste Seefahrernation der Welt geworden ist.

In der Farbensymbolik und Farbenpsychologie gilt Blau als Farbe der Atmosphäre, der Weite und der Ferne. Es zieht den Blick in unendliche Tiefen, doch stets in Tiefen mit Substanz, ins Unergründliche, das doch immer einen Grund erahnen lässt, – ähnlich wie der Blick in Himmel und Meer eintaucht und zugleich dort Ruhe findet ... So hat das unendliche Blau zugleich eine zuverlässige, beständige, treue Existenz, die es durchaus geeignet macht zu einer Farbe, die nationales Zuhause ausdrückt – oder zu Elytis' Gottesversteck ...

Ein einstmals blaues Fischerboot in abgehobener Umgebung

Zu Fuß durchs „Dorf"

Wir haben einen jungen Mann aus Deutschland zu Gast, der sehr gern zu Fuß unterwegs ist. Doch erwandert er nicht wie andere Athen-Besucher ausschließlich die touristischen Ziele – Akrópolis und Pláka, Sýntagma und Omónia -, die Sehenswürdigkeiten und das Stadtzentrum also: Die nimmt er eher am Rande mit. Seine Unternehmungen sind anderer Art. So durchlief er vorgestern unseren Stadtteil (Ilioúpolis) bis zu dessen Grenzen im Bereich Karéas, wo er einen Hügel bis zum Gipfel erklomm, um dann auf der anderen Seite wieder hinabzusteigen ... und in Výronas zu landen, der nach Lord Byron benannten Nachbargemeinde. Von dort aus begann er dann, zu Fuß natürlich, das Zentrum Athens zu suchen, das er, nach nur einer Dreiviertelstunde, wie er glaubhaft berichtete, auch fand. Am Tag danach drang er, wieder auf Schusters Rappen, ausgehend vom Gipfel des Lykabettos bis in die Universitätsviertel von Zográfou und nach Kässarianí vor. Und dies obwohl wir, spätestens seit den Olympischen Spielen, in dieser Stadt modernste und, wenn sie nicht streiken, nahezu perfekt funktionierende Verkehrsmittel haben – U-Bahn und Straßenbahn und Busse und O-Busse sowieso, letztere seit Jahrzehnten schon. Wie nur kann ein Hergereister auf diese stolzen Errungenschaften Athens so schnöde verzichten!

„Man sieht viel mehr", versichert er, „dreieckige Plätze mit Buden und Bäumen, kleine Läden, Einzelheiten, die im Vorbeifahren verloren gehen ..." Doch was ist das Fazit all dieser Entdeckungen am Straßenrand, die ihm im Vorüberfahren entgangen wären? Am zweiten Tag stellt er, ohne den geringsten Zweifel, fest: „Athen ist bloß ein großes Dorf!"

Wumm!!! Was für ein Tiefschlag für unseren Stolz! Olympiastadt, modernster internationaler Flughafen, schickste Untergrundbahn Europas mit Museumsvitrinen – nicht mal in Rom gibt es das –, sechsspurige mautpflichtige Umgehungsstraße, Fußgängerzonen, Straßenbahn, die an Strandpromenaden silberfarben dahingleitet, exquisite Sportstätten, stahlgedecktes Stadion und Fußgängerbrücke von Santiago Calatrava! Und schließlich: Fast fünf Millionen Einwohner – wenn das keine Großstadt ist! Sogar mit globalen Ausmaßen, möchte ich meinen. Ganz zu schweigen davon, dass wir älteste Kulturdenkmäler Europas in unserer Stadt hüten – aber die waren ja immer da. Nein, endlich war es gelungen, auch hinsichtlich des modernen Lifestyle und eines schicken, citygerechten Outfits andere europäische Hauptstädte einzuholen, und dann äußert ein schlichter Fußgänger solch ein Urteil!

Athen – ein Dorf. Der Gedanke bohrt, man grübelt nach ... vielleicht ... tatsächlich? Und trotz seiner gewaltigen Größe, trotz des rasanten Verkehrs, trotz der anonymen Beton- und postmodernen Glasfassaden? Ist es denn nicht so, dass in jedem Urlaub, an jedem verlängerten Wochenende Zehntausende, was sage ich, Hunderttausende von Athenern ihrer Stadt den Rücken kehren und in ihr Dorf, auf ihre Insel reisen? „Páo sto chorió mou" – „Ich fahre in mein Dorf" ist ein geflügeltes Wort, das jeder versteht: dahin, wo ich wirklich zu Hause bin. Das bedeutet: Mindestens jeder zweite Hauptstadtbewohner ist ein Dörfler! Man hört es an ihrer Sprache, erkennt es an ihrem Benehmen. Mein Gemüsehändler begrüßte mich gleich am ersten Tag, gerade als er mich kennen lernte, mit freundlichem „Du". Und wir, die wir kein Dorf hatten, also eigentlich zur Minderheit der echten Athener gehören, haben als

Standort für unser Ferienhaus ein Dorf ausgesucht, weil wir ohne dieses eben keine echten Athener sind!

Der städtische Großraum, den wir „Athen" nennen, ist ja auch gar nicht Athen. Athen liegt vielmehr recht klein in der Mitte einer Vielzahl von im Jahr 2010 wegen ihrer zu großen Anzahl verwaltungsmäßig neu geordneten, selbständigen Gemeinden, die sich bei der grassierenden Landflucht der 1950er, 1960er, noch der 1970er Jahre bildeten und zusammenwuchsen. Dadurch wurde ganz von selbst das Vorstadtelend anderer europäischer Großstädte, das triste Verhältnis City/Schlafstädte, vermieden. Stattdessen lebt jeder Stadtteil, seine cafégesäumten *Platíes* bilden Treffpunkte, seine Bürgersteige quirlige Promenaden – gerade so wie in griechischen Dörfern im Sommer, sobald sie sich mit den Athenern gefüllt haben. Wie dort sind Athens Wohnviertel *Jitoniés*, Nachbarschaften, wo es das tatsächlich noch gibt, dass man seine Nachbarn auch kennt.

Meine recht feine städtische Bäckerei/Konditorei heizt jeden zweiten Sonntag ihre Backöfen an. Ein Schild verheißt schon am Freitag: „Aftí tin Kyriakí o foúrnos psíni!" („Diesen Sonntag bäckt der Ofen!"). Und was bäckt er? Nichts anderes als das Mittagessen für ganze Familien, eine Tradition aus Zeiten, in denen Haushalte nicht über Backöfen verfügten: Frühmorgens wird das Ofenbleck (Tapsí) mit der vorbereiteten Mahlzeit zum Bäcker gebracht und dann vor dem Mittagessen wieder abgeholt.

Athen – ein Dorf? Ja, Gott sei dank, hin und wieder, immer wieder, immer noch.

 Dörflich anmutende Gasse in der Nähe der Athener Akropolis

Ein Spaziergang durch die Pláka im Sommer 2012

Da hatte ich endlich mal was Positives gelesen: Athens schöne Altstadt, die Pláka, sei von den sonst in der Stadt fast überall sichtbaren Auswirkungen der Wirtschaftskrise – den geschlossenen Läden, leeren Tavernen, den Protestmärschen und fehlenden Touristen sowie auch der Überflutung durch Fliegende Händler, Migranten, die in China produzierte Handtaschen und Sonnenbrillen auf dem Asphalt ausbreiten – verschont. Ich machte die Probe aufs Exempel und spazierte nach langer Zeit mal wieder durch die Straßen der Pláka.

An der Metrostation „Akrópolis" stieg ich aus dem Untergrund und bog in die Dionyssíou-Areopagítou-Straße ein, die touristische Promenade zwischen dem Akrópolisfelsen und dem Akrópolismuseum. Und ich freute mich: Oben auf der Burg helle Säulen unter strahlend blauem Himmel, leuchtend neben mir die Relikte des antiken Diónysos-Heiligtums und gerade gegenüber der fulminante Glasbau des spiegelnden Museums … Die Straße schien mir voller flanierender Touristen zu sein: Reisegruppen, alle mit gezückten Fotoapparaten, Fahrradrikschas, in denen Familien spazieren fuhren, Pferdekutsche und Liliput-Zug, die die gleiche Aufgabe erfüllten. In einer Parkbucht wachte unauffällig eine Motorradstreife der Polizei: Händler und Bettler sollen in dieser Straße der antiken Hochkultur nicht belästigen. Eine Weile lief ich hierhin und dorthin, und dabei veränderte sich – leider – vor meinen Augen das Bild, das mir wohl die Freude an Schönheit und hellem Sonnenschein so perfekt vorgegaukelt hatte: Im Liliput-Zug saßen ein paar weit gestreute Grüppchen, die meisten Waggons waren leer. Der ersten Pferdekutsche, die ich erblickt hatte, folgte keine zweite, die Betreiber der Fahrradrikschas standen nun mit leeren Fahrzeugen schon eine gute Viertelstunde vergeblich wartend im Schatten einer Baumgruppe, und zwischen den Pulks von Reisegruppen kamen lange menschenleere Abstände. „Das sind nur dreihundert Leute", sagte mir ein Einheimischer, der Werbeflyer für eine Kunsthandlung verteilte, „hier müssten jetzt eigentlich tausende Touristen sein."

Ich machte mich, längs der vielen Volkskunst- und Andenkenläden auf den Weg ins Herz der Altstadt, am Lysikrates-Monument vorbei in die Adrianoú, die Hauptgeschäftsstraße der Pláka und einstige Hauptstraße Athens (als es nicht viel mehr gab als die Pláka). Fast ein Uhr mittags, die Stunde, in der europäische Gäste im Unterschied zu den „späteren" Griechen gemeinhin ihr Mittagessen einnehmen. Die zentrale große Taverne hier an der Ecke sehe ich erstmals nicht, wie gewohnt, dicht besetzt; nur an vier, fünf Tischen sitzen Leute, die meisten Stühle sind frei, der Koch – man erkennt ihn an der Mütze – unterhält sich mit einem einheimischen Gast, der eine Zeitung und einen Frappé vor sich hat. „Wie läuft's denn so?" frage ich den Küchenmeister, unbekannterweise und geradeheraus. „Schlecht, statt zwanzig Gerichten, bieten wir nur noch fünf an, die Zutaten verderben uns sonst." Darunter sind „Bauernsalat", Tzatzíki und Moussakás natürlich die Standardangebote, dazu vielleicht ein Grillgericht und Kalamarákia … Ich ziehe weiter durch die Adrianoú: In den meisten Geschäften – tiefe Räume mit Regalreihen voller Antikenimitationen, Folklorekunst, Textilien oder schön verpackter gastronomischer Landesspezialitäten – wandern einzig der Besitzer oder die Besitzerin umher. Auf meiner ganzen Strecke fand ich tatsächlich nur drei asiatische Migranten am Straßenrand sitzen, ohne die üblichen großen Laken mit den Handtaschenplagiaten, die man schnell zusammenraffen kann, aber gerade deshalb sprungbereit, vorm nächsten Ordnungshüter die Flucht zu ergreifen. Sie warfen mit Schwung kleine Tomaten und Melonen aus Plastik auf den Asphalt, wo die Früchtchen zu scheinbaren knallroten oder giftgrünen Lachen zerplatzten und sich wie von Zauberhand wieder zum intakten Spielzeugobst zusammenfügten …

Ich wandte mich nun seitwärts hinauf in die romantischeren Seitensträßchen der Pláka, hin zu den Treppentavernen unter Weinlaubdächern: Die Tische einladend gedeckt, aber vollkommen leer. Die entfernteren Ecken der Pláka zu entdecken, hatte sich heute offensichtlich noch kein einziger Besucher die Mühe gemacht. In meiner Lieblings-Ouzerie in der Tripódonstraße, direkt neben der byzantinischen Nikólaos-Rangavás-Kirche mit ihren farbigen Mauersteinen, sitzt der Wirt der traditionsreichen Familientaverne einsam vor seiner Kasse. Schlecht gehe es, höchstens 50 Prozent Auslastung: „Wir können eigentlich zumachen." Nein, sie bieten nicht weniger Gerichte an als sonst, immer noch werden die riesigen Tabletts mit den 18 verschiedenen „Mezedákia" zum Aussuchen von Tisch zu Tisch getragen, immer noch fließt der volle dunkle Rotwein aus den Karaffen … „Die Auswahl ist die gleiche geblieben, aber mit der Zubereitung der Mengen sind wir vorsichtiger, wenn ein Gericht ausgeht, ist es eben aus", berichtet Herr Níkos. Ich verspreche ihm, an einem der künftigen Sommerabende hier mit meinem Mann wieder einzukehren.

Denn trotz der Leere ist die Pláka und nicht nur sie, sondern sind auch andere Athener Szeneviertel, noch genau so schön, so malerisch und anziehend wie eh und je. Die Menschen, die hier einkehren, sind vor allen Unbilden der Straße, die sonst im Stadtzentrum die Ferienlaune stören könnten, behütet, und sie sind herzlich willkommen, so erwünscht wie vielleicht noch nie zuvor.

Ein Kellner in der Pláka, der auf Gäste wartet.

Vögel der Großstadt

Ein erstes kurzes Gewitter nach dem langen Sommer, erster Regen. Und da erblickte ich von der Veranda aus ein kleines Schauspiel, wie ich es zuletzt vor vielen Jahren in Deutschland gesehen habe: Im Vorgarten stemmte sich eine Amsel mit beiden Beinchen gegen den nassen Boden und zog und zog ... Und zog im gelben Schnabel mit beharrlicher Kraft schließlich einen fetten Wurm aus der Erde. Als ich vor drei Jahrzehnten von Deutschland nach Athen gezogen war, gab es vor unserer Haustür außer den Brieftauben eines Nachbarn, der auch zwei Ziegen hielt, und den fünf Hühnern einer Nachbarin auf der anderen Seite sowie den allgegenwärtigen Spatzen, den sommerlichen Schwalben, die weit weg unter dem Himmel segelten, sowie einer ab und zu verirrten Möwe keine Vögel. Mir war, daran erinnere ich mich genau, das Fehlen eines lieblichen morgendlichen und abendlichen Vogelgesangs auffällig, ich vermisste ihn.

Athen galt (und gilt?) als die Großstadt mit den geringsten Grünflächen in ganz Europa. Inzwischen ist es wohl besser geworden, Fußgängerzonen mit Grünanlagen sind entstanden, und wenn die Versprechen erfüllt werden und die noch zubetonierten Gelände des alten Flughafens in Strandnähe und des ausgedienten Panathinaikós-Stadions mitten im Stadtzentrum tatsächlich zu Parkanlagen umgestaltet werden, kann dieser traurige Rekord vielleicht sogar durchbrochen werden. Die Armut an städtischem Grün war mir eigentlich nie sonderlich aufgefallen, es sei denn ich blickte aus der Höhe, etwa

Tauben suchen an einem Brunnen in Athen Erfrischung in der Sommerhitze.

vom Lykabettos-Hügel, auf die Betonschluchten hinab – da bin ich dann aber jedes Mal regelrecht erschrocken. Doch die großen Straßen meines Stadtteils, die *Leofóri* (Avenuen) von Ilioúpolis, waren schon damals auf breiten Mittelstreifen mit Rosenbüschen, Lorbeersträuchern und allerlei niedrig wachsenden Bäumchen bepflanzt, auch machten wir auf einem Panoramaweg des nahen Hymettos-Gebirges im frisch beregneten Grün milder Wintertage oder im zauberhaften, botanisch üppig gemischten *Ethnikós Kípos*, dem ehemaligen Königlichen Garten am Sýntagma-Platz, Familienspaziergänge in vegetationsreichem Umfeld. Und schließlich wuchs vor unserer Haustür ein eben bepflanzter Streifen *Dimotikó Álsos*, ein Gemeindewäldchen, langsam und kontinuierlich heran, in dem Kyrá-Anna von nebenan täglich zur Mittagszeit ihre fünf, sechs Hühner spazieren führte, bevor sie zum Eierlegen wieder in einen Holzschuppen gesperrt wurden. Die damals gerade mal mannshohen Bäumchen des hainartigen Gehölzes boten allerdings Vögeln offensichtlich keine Heimat, sie waren regelrecht leer.

Im Lauf der Jahre wuchsen sie zu einem kräftigen Bestand mächtiger Pinien- und einzelner Eukalyptusbäume heran, die nun ihre Wipfel jenseits der Dachhöhe wiegen, und so bietet sich uns heute ein ganz anderes optisches und akustisches Panorama aus allerlei verschiedenem Gefieder und Gesang, – eine Entwicklung, die neues Vertrauen in die Zukunft der Umwelt wecken kann! Mehrere Singvogelarten, darunter Meisen und Finken, verstecken sich mehr hör- als sichtbar im Gezweig. Amseln, die ich vor 20 Jahren für eine unbekannte Spezies in Griechenland hielt, hüpfen fast zutraulich umher und singen, wenn auch nicht immer auf Baumspitzen, sondern mehr noch auf den Fernsehantennen, melodiöse Frühlingsabendlieder. Statt der längst nicht mehr existierenden Brieftauben des Nachbarn, die auf Mauervorsprüngen und Balkonbrüstungen gurrten und dort allerlei schmutzige Geschäfte verrichteten, sind Turteltäubchen aus der außerstädtischen Wildnis in die Bäume gezogen und schnäbeln nach Herzenslust auf den Ästen. Wahrhaft exotisch, gravitätisch, aber auch manchmal beunruhigend wild sind die Elstern, die in großen schwarzweißen Familienverbänden den ganzen Álsos bevölkern, mit gespreizten Flügeln von beachtlicher Spannweite auf den Rändern der Flachdächer balancieren und ihr schnarrendes Gekreische bis in die niedergesunkene Nacht hinein über die umliegenden Straßen schicken. Und am Morgen weckt uns ein gemischter Chor, in dem das unmusikalische Tschilpen der einst einsamen Spatzen vom Melodienreichtum der begabteren Vögel übertönt wird.

Gefiederte Stadtbewohner im Nationalgarten

Die Evripídou – duftende Basarstraße Athens

Die Evripídou-Straße, benannt nach dem antiken Tragödiendichter Euripides, führt, schmal und lang, mitten durch das pulsierende Herz Athens und vor allem durch den Bauch der Stadt, die Marktgegend. Vom Anfang bis zu ihrem Ende dient sie dem Handel, dem Kleinhandel zumal, der die alltäglichen Bedürfnisse der Athener stillt: Das Warenangebot ist umfassend und kunterbunt, basarartig unsortiert ergießt es sich bis auf die Bürgersteige, quillt aus kleinen und großen Läden, aus Hallen, Passagen und Kiosken, ja steigt aus Kellertreppen empor in den Strom von Passanten, Hausfrauen, Geschäftsleuten, Rentnern, Müßiggängern, handeltreibenden Zigeunern und den Touristen, die hier staunend ein wenig Orient zu schnuppern meinen.

Hier und in den Seitenstraßen, an den Kreuzungen und kleinen Plätzen, wo sich die Evripídou ein wenig ausdehnt, können ausländische Besucher, die diese Straße entdeckt haben, der immer noch traditionellen Lebensweise der unzähligen aus Dörfern und von Inseln einst hierher gezogenen Hauptstädter nahe kommen. Dabei sticht besonders ins Auge (und oft in die Nase), wie man würzt und kocht, isst und trinkt, aber auch wie gefeiert wird: Ostern zum Beispiel. Oder der 1. Mai, oder, hin und wieder, beide Feste zusammen. Die in allen Schattierungen von Rosa über Rot und Weiß bis Violett leuchtenden Maikränze für die Haustür oder den Balkon lassen erst, wenn man vor ihnen steht, eindeutig erkennen, dass ihre prachtvollen Blüten aus Papier oder Plastik sind.

Gehegt und gepflegt: das Fahrzeug eines Gärtners

Das obere Ende der Evripídou in der Nähe des Klafthmónos-Platzes

Neben ihnen hängen an Schnüren die *Lambádes*, die bunt mit Bändern verzierten und Spielsachen bestückten Osterkerzen, die Kinder von ihren Paten erhalten. In Fächern nach Farbe und Größe sortiert lagern die gelben Honigkerzen für die Prozession am Karfreitagabend, mit denen die Gläubigen den *Epitáphios*, das Heilige Grab, durch den Kirchsprengel begleiten sowie die langen weißen Osterkerzen, die *Lambádes* für Erwachsene, mit denen bei der *Anástassi* das Auferstehungslicht empfangen und nach Hause getragen wird ... Hin und wieder täuschen in Vitrinen mit Heiligenbildchen beklebte Keramik-Eier antiquarische Kostbarkeiten vor.
Überhaupt: Eier in allen Größen – aus Zucker, Schokolade und in Glitzerpapier gepackt – sowie die *Tsourékia*, die süßen Osterbrote, die auf dem Festtisch nicht fehlen dürfen, rücken dicht gedrängt ganz vorne in die Auslagen der Süßigkeiten.

Die zentralen Genüsse des österlichen Festschmauses findet man ein wenig abseits der Evripídou in den Markthallen: Lämmer ohne Zahl, Berge brauner und weißer Eier, welche auf die rote Farbe warten. Und doch: Wer die Evripídou in der vorösterlichen Zeit von früher her kennt, bemerkt ein wenig traurig, dass das Angebot an traditioneller Osterware geschrumpft ist. Das mag auch damit zusammen hängen, dass in der dicht gedrängten Häuserzeile der Straße mancher Laden geschlossen bleibt, mancher Eingang mit Brettern vernagelt oder mit Ketten verzurrt ist ... Andererseits aber findet man immer wieder ein altes Stadthaus schön renoviert in neuer alter Pracht. Jedoch ist dann ein Café oder eine Musikbar eingezogen und kein neuer Laden.

Bekannt für ihren Osterschmuck ist die wahrscheinlich älteste und (trotz ihrer eher geringen Dimensionen) eine der größeren byzantinischen Kirchen Athens, die Ágii Theódori im Südwesten des Klafthmónos-Platzes, wo wir unseren Spaziergang durch die Evripídou beginnen. Hier sind gerade zu Ostern die Blüten des Judasbaumes aufgegangen und rahmen die Mauern mit einem rosa Schleier. Der Bau aus dem Jahr 1049, über einem Vorgängerbau des 9. Jahrhunderts errichtet, trägt einen Fries aus Ornamenten und (pseudo-)kufischen Schriftzeichen – einer Frühform des Arabischen entlehnt – sowie eine Stifterinschrift mit dem Datum.

Von der Würde der Kirche werden wir fast übergangslos in das quirlige Gewühle des Geschäftsviertels gestürzt. Gleich empfängt uns ein winziger Platz mit kleinen Bäumen, großem Kiosk und steinernen Bänken, die von vielen zum Ausruhen genutzt werden: die Platía Ieroú Lóchou, was so viel bedeutet wie „Heilige Schar“, doch heilig sieht es nicht hier aus, sondern erst um die Ecke, in der Äólou-Straße, obwohl auch diese vor allem eine Geschäftsstraße ist. Dort erhebt sich die große, nicht mehr neue und daher für die Geschmacklosigkeit ihrer Architektur entschuldigte Kirche der Muttergottes Chryssospiliótissa, daneben die kleine, fast dörfliche Kapelle der Heiligen Paraskeví.
Am Kiosk davor sind Betstühle, Heiligenbildchen, Öllämpchen, Weihrauchkörner und Opferkerzen erhältlich, und dahinter prangt in der Ferne die heidnische Akropolis. Ringsum sitzen Müßiggänger in der Sonne, leuchtet die Mode des Frühjahrs in pastellfarbenen Regenbogenfarben, Blusen, Handtaschen und Schuhe hat man aus den Geschäften auf die Straße geschoben, ein Obststand bietet Berge von Erdbeeren feil. Nicht weit ist es von hier zum riesigen Lebensmittelmarkt der Stadt, der sich auf die Evripídou vor allem mit Käselaiben ergießt.

Kaum hat man die Marktachse, die Athinás-Straße, überquert und folgt der Evripídou in ihren unteren Teil, wandelt sich das Bild: Sie wird schmuddeliger. Samen und Nutzpflanzen kann man nun erstehen, Tomatenstauden, Saat- und Blumenzwiebeln, Düngemittel und daneben, aus Kellerlagern heraus das fleckige Trottoir erobernd, Rollen mit Absperrbändern, Reinigungsmittel, Säcke mit Reis und Bohnen, Gastronomieausstattung, Klo-

Köstlichkeiten, wohin das Auge blickt

bürsten und Besen und all das, was man im Haushalt gern versteckt. Dazwischen prunkt aber auch ein prachtvoll von Blumen überwucherter silberfarbener Pick-up.

Der Ausuferung des Angebots entspricht ein neues Phänomen: Die Evripídou ist Teil der Globalisierung geworden. Dem griechischen Süßigkeitenladen folgt die polnische Wurst und der arabische Friseur und gerade gegenüber dem Kirchlein Àgios Ioánnis stin Kolóna, des Heiligen Johannes an der Säule, beginnen die chinesischen Konfektionsgeschäfte, die sich von hier bis zur Platía Koumoundoúrou hinziehen, mit fremden Schriftzeichen und Lampions sowie einer hierzulande für so kleine Läden eher befremdlichen Vorliebe für menschengroße Schaufensterpuppen, die wie alle anderen Waren auch vor die Türen treten. Im Strom der Passanten fühlt man sich versucht, sie zu grüßen, wenn sie einem mit ausgestreckten Armen in den Weg treten und merkt manchmal erst auf den zweiten Blick, dass sie nicht lebendig sind.

Und hier, bei der Kapelle des Heiligen Johannes beenden wir unseren Spaziergang. Das Kirchlein wurde vermutlich über den Ruinen eines antiken Asklepios-Heiligtums erbaut, von dem noch eine einzige korinthische Säule aus römischer Zeit aufrecht steht. Der christliche Altarraum wurde so um diese Säule herum gebaut, dass ihr Kapitell durch das Dach hindurch und darüber hinaus ragt. Denn der Heilige Johannes hat problemlos die einstige Aufgabe des Asklepios übernommen und heilt an dieser Säule Kranke – das beweisen die vielen im Halbdunkel aufschimmernden Votivtäfelchen. Und damit haben wir die globalisierte Welt verlassen und sind wieder in Griechenland angekommen.

Läden mit interessanten Düften und Produkten, die man sonst nur selten findet

Die Kirche Ágii Theódori am Klafthmónos-Platz

Nebenstraße der Evripídou: Nützliche Gefäße für den Haushalt

Die Patissíon –
eine Straße voller Zahnlücken

Eine „Prachtstraße" konnte man sie nie nennen, viel eindrucksvoller waren immer schon z. B. die Vassilíssis Sofías - die Königin-Sophia-Straße - die am Parlament entlang führt, mit ihren klassizistischen oder neubarocken Botschaftsgebäuden und Museen, oder die Dionyssíou-Areopagítou mit ihrer grünen Baumreihe, parallel zum Dionysostheater und genau unterhalb der Akropolis. Nein, die „Patissíon" war einfach nur eine lebhafte, verkehrsreiche Hauptstraße, die sich hin und wieder zu kleineren, palmengeschmückten Plätzen weitete und mit vielen schönen Geschäften und einigen wichtigen historischen Gebäuden aufwartete. „Patissíon" heißt sie eigentlich gar nicht durchgehend: Doch der Volksmund hat die alte Bezeichnung aus der Zeit beibehalten, als der Stadtteil Patissia, wie alle in Athens Norden, einmal ein Dorf war. Davon sieht man aber fast nichts mehr. Offiziell heißt die Straße die ersten zwei, drei Kilometer „Straße des 28. Oktober". Sie ist benannt nach jenem Datum, an dem der griechische Diktator Ioánnis Metaxás mit einem lapidaren „Nein" das italienische Ultimatum auf Unterwerfung seines Landes ablehnte und für Griechenland der Zweite Weltkrieg und das Epos des nationalen Widerstandes begannen. Dieser „Óchi"-Tag am 28. Oktober ist der zweite Nationalfeiertag des Landes neben dem 25. März, dem Tag, als der Freiheitskampf gegen die Osmanen ausbrach.

Widerstand hat diese Straße, die vor dem zentralen Omónia-Platz nach rechts

Das Polytechníon, wo 1973 der Aufstand gegen die damalige Militärdiktatur blutig niedergeschlagen wurde. Rechts ein Denkmal für die damals ermordeten Studenten.

abbiegt und sich kilometerweit stadtauswärts erstreckt, dann noch einmal geprägt. Und seitdem gibt es hier von Jahr zu Jahr Demonstrationen, die oft auch von Szenen der Gewalt begleitet werden: Zur Patissíon öffnet sich nämlich der Haupteingang des Polytechníons, der Technischen Hochschule, die im November 1973 von Studenten besetzt wurde, bis am 17. des Monats die Panzer der Junta-Diktatur das Eisentor der Hochschule niederwalzten und den Aufstand niederschlugen. Mit ihrem todesmutigen Ausharren in dem belagerten Gebäude und einem illegalen Rundfunksender beschleunigten die Studenten das Ende der Obristenherrschaft. Nebenan erhebt sich die Fassade des Archäologischen Nationalmuseums mit einer der bedeutendsten Antikensammlungen der Welt.

Eine Straße der Musen. Eine Straße der Helden. Eine Straße der aktuellen politischen Meinungsäußerung. Ein vielfältiger Einkaufsboulevard und nicht zuletzt eine renommierte bürgerliche Wohngegend. Das alles war sie einmal, die Patissíon – vor der Krise.

Der „Widerstand" von heute ist übler Natur und richtet sich nicht nur gegen vermeintliche politische Repressalien, sondern gegen hilflose Menschen. Die mit der Wirtschaftsmisere zu Parlamentsruhm aufgestiegene rechtsradikale Partei Chryssi Avgi schickt hier fast allabendlich Schlägertrupps hin. In den Anlagen zwischen dem Museum und dem Polytechníon sowie im großen Park des Pedíon tou Áreos, des „Marsfeldes" hinter dem eindrucksvollen Reitermonument Konstantins I., campieren Migranten und Obdachlose, die auch am helllichten Tag ein Bild des Elends bieten und sich von den regelmäßigen Polizeistreifen immer nur kurzzeitig vertreiben lassen. Hin und wieder sieht man einen dunkelhäutigen Menschen, der den Einkaufswagen eines Supermarkts durch die Straße schiebt, um in den Mülltonnen nach recyclebaren Abfällen, am besten aus Metall, zu stöbern ... Dazwischen fahren vor dem Museum die glänzenden roten Doppeldecker-Sightseeing- und Reisebusse vor. Die Touristen werden durch traurige Kulissen zu den kultivierten Oasen der Stadt gebracht. Herr Manólis, der einsam in seinem großen Geschäft mit Kurzwaren, Kleintextilien und Kosmetikartikeln seine Kasse bewacht, schaut mich mit bitterer Miene an: „Hier brennt es dauernd, die Leute gehen weg, aus den Wohnungen und aus den Geschäften, und die Touristen steigen aus ihren Bussen, gehen die Museumstreppen hoch und fahren sofort wieder ab."

Bald nach meiner Ankunft in Athen, in den 1980er Jahren, habe ich gern in der Patissíon eingekauft: Die Kleider zu den Taufen meiner Kinder und zu mancher Namenstagsparty erstand ich hier in einem eleganten Eckkaufhaus mit großen Vitrinen – ich finde es nicht mehr. Schicke Mode- und Schuhgeschäfte wechselten damals mit feinen Konditoreien, und die oft idyllischen kleinen Seitenstraßen mit lila, gelb oder weiß blühenden Bäumchen, führten in einen atmosphärereichen Alt-Athener Background: So zur Platía Viktorías mit ihren Straßencafés, kleinen Lebensmittelläden, altmodischen Kiosken und der historischen Untergrundbahn-Station, oder, patissíonaufwärts, zu kleinen Märkten und Grünanlagen. Auch an den *Platíes* sind die Läden, besonders die kleinen, weniger geworden. Die Cafés gibt es – zum Glück – noch, immer noch sitzen da ein paar Rentner mit ihrem Tässchen „Ellinikó" und der Zeitung, junge Paare beim Frappé und reifere Damen beim Kuchen, aber die Behaglichkeit in diesen Großstadt-Nischen ist geschwunden. Die Passanten verrichten ihre Besorgungen in Eile, wirken freudlos und resigniert. Wenn sich Nachbarn treffen und in Grüppchen zusammenstehen wie einst, dann schauen sie oft nervös um sich.

Mindestens jedes zweite Geschäft in der Patissíon scheint geschlossen, verrammelt und verriegelt, die Rollläden sind mit Graffiti besprüht, die hohen Sockel der stattlichen Hausfronten beschmutzt. Die Straßenseiten wirken über Hunderte von Metern, als hätten sie Zahnlücken. Abends ist es hier stockdunkel, die spärlichen Straßenlaternen allein reichen nicht mehr, seit die einst erleuchteten Vitrinen und Leuchtreklamen ausgefallen sind. Auf der Straße selbst strömt der Verkehr wie eh und je. Vor dem Museum stehen Taxis in langer gelber Reihe. Das Taxifahren, immer noch billiger als anderswo in Europa, ist den Athenern zu teuer geworden. Noch ein Berufszweig, der leidet. Viele kleine Theater-, Film- und Ballettschulen gibt es hier, ihre Aufschriften und Hinweisschilder jedenfalls existieren noch.

Herr Manolis ist Geschäftsbesitzer. Er gebietet über lange Reihen von Kosmetikartikeln und Kurzwaren. Doch die wirken in ihren Regalen neben gähnend leeren Gängen irgendwie völlig überflüssig. Ich komme mit Herrn Manolis ins Gespräch, allmählich schüttet er mir sein Herz aus. In den Zahnlücken-Geschäften ringsum werden Billigtextilien verkauft, klagt er: Teenager-Kleidung, Badehosen, T-Shirts, Socken, Kappen und Plastiksandalen, junge Mädchen in Miniröcken stellen das Personal, sie geben keine Auskunft und haben keine Meinung zur Situation – morgen vielleicht schon sind sie gegen andere Mini-Mädchen ausgetauscht. An den Schaufenstern kleben Plastikzahlen in grellen Leuchtfarben: Preisnachlässe bis zu 70, 80 Prozent. Herr Manólis weist mit einer ausgreifenden Handbewegung auf seine Ware: Nagellack, Lippenstifte, Haarreifen, Deodorants, Sonnencremes, Zahnpasta … – „Auch bei mir ist alles schon herabgesetzt“, sagt er, „die Leute kaufen trotzdem nicht. Und gerade die, die hier seit Jahrzehnten wohnen, kommen nicht mehr, sie schämen sich, in der Nachbarschaft billige Sachen zu kaufen.“ Ich erstehe schließlich einen orangefarbenen Lippenstift, wie ich ihn schon lange suche, und über das Gesicht von Herrn Manólis huscht endlich ein kleines Lächeln.

Blick in die Patissíon an einem Sommertag

Gespräch am Straßenrand

Ich stehe suchend umherblickend an der Ecke Patissíon-/Stournári-Straße mitten im Zentrum von Athen, weiche mit hoch gewandtem Kopf zurück bis zur Bordsteinkante, denn ich will das vor mir aufragende Gebäude fotografieren: Ein wunderschöner Altbau mit klassizistischen Gesimsen und Balustraden in den Obergeschossen, doch die Rundbogenarkaden im Erdgeschoss sind zugesperrt und verriegelt. Graue eiserne Rollläden verschließen Schaufenster und Portale, die dort einmal auf die Straße blickten, zerfetzte Aufkleber, halb abgerissene Plakate und für mich sinnlose Zeichen aus Sprühfarbe haben ihnen endgültige Stempel der Nutzlosigkeit und fortschreitender Verwahrlosung aufgedrückt.

Eine fremde Frau spricht mich an, fragt, ob sie mir behilflich sein könne, hält mich offenbar für eine Touristin, die sich nicht auskennt. Schräg gegenüber auf der anderen Straßenseite befindet sich nämlich, von meinem Standpunkt aus unsichtbar, weil hinter einer trügerisch edlen Grünanlage verdeckt, das Archäologische Nationalmuseum, Ziel aller Reisenden, die auch heute noch, in den Zeiten der „Krise", Athen besuchen. „Nein", sage ich ihr, „ich will nur ein Foto machen von dieser traurigen Straßenecke" – die einmal zu einem der stattlichsten Athener Boulevards gehörte … Wir kommen ins Gespräch. Die noch recht junge Frau mit warmen braunen Augen unter einem dunklen Lockenschopf offenbart beim Reden einige Zahnlücken, die ihre Herzlichkeit nicht im Geringsten schmälern, im Gegenteil. Sie ist seit 15 Jahren in dieser Gegend „zu Hause". Ursprünglich stammt sie aus Bulgarien und ist jetzt unterwegs zum großen Athener Zentralmarkt, um günstig Fleisch einzukaufen. Das alles erzählt sie mir in dieser spontanen Unterhaltung am Straßenrand, wo sie mir mit bitteren Worten die Wohn- und Lebensverhältnisse in dieser ihrer Nachbarschaft schildert. Zusammen mit den immer mehr verlotternden Gebäuden hätten sich auch die Menschen geändert. Die sprichwörtliche griechische Gastfreundschaft, die sie vor 15 Jahren aufgenommen habe, sei dahingegangen, sei Bitterkeit und Aggression gewichen. Erst am Abend zuvor sei sie von ihrem Fenster aus Zeugin eines Überfalls rechtsradikaler Schläger gegen einen Farbigen geworden, solche Szenen beobachte man nun öfter … Die alarmierte Polizei komme immer zu spät, um die Opfer vor bösen Verletzungen zu bewahren.

„Ich habe einen kleinen Blumenladen", erzählt mir zum Abschied meine neue bulgarische Bekannte, „ein paar Ecken weiter". Dort verkaufe sie nur kleine Töpfchen und Sträußchen für drei oder vier Euro, die sich hier der eine oder andere ab und zu leisten könne. „Wissen Sie, so ein buntes Blümchen kann den Menschen ein bisschen Freude machen. Sie schauen es an und ihre Stimmung hellt sich auf."

Versuchungen im Bauch der Stadt

Rund um den Omónia-Platz lauert sie an allen Ecken und Enden, in den Seitengassen und den Fußgängerbereichen sowie in jede Richtung der in den Platz mündenden Straßen, – die Versuchung, der ich fast jedes Mal zu erliegen drohe, wenn ich zielstrebig, quasi in „standhaftem Lauf", vorübereile. Sie lockt durch Vielfalt, reizt die Sinne mit üppigem Angebot, verspricht pikante Freuden, süßen oder herben Genuss, Sättigung ... Mein Fehler, dass ich immer gerade um die Mittagszeit, mit hungrigen Augen und leerem Magen, zu unseren Redaktionsbüros strebe, die nun ja bekanntermaßen mitten in diesem Bauch der Stadt liegen, der Omónia heißt.

Es gibt kein Wort, das in dieser Gegend in Straßenverkäufen Aufgetischte passend zu bezeichnen: Fastfood? Brotzeitstand? Imbissecke? Vesperkiosk? – Mahlzeit! Nicht eins davon trifft es auch nur annähernd. Versuchen wir es mit griechischer Terminologie, so kommen wir am ehesten mit dem Begriff Mezedopolíon, in etwa Appetithäppchenverkauf, einigermaßen hin. Als Mezedopolía bezeichnen sich aber nicht nur Ladenlokale, sondern auch kleine Restaurants. Bestellen wir uns einen *Mezés*, so zerläuft schon das Wort auf der Zunge ... und ein *Mezés* kann alles Mögliche sein, und das Wort umfasst die ganze Vielfalt, von der gewöhnlichen Sardine bis zur edlen Languste, der kleinen Olive bis zum garnierten Salat.

Wo man in deutschsprachigen Landen gerade mal die Wahl hat zwischen Brat-, Brühwurst und rein linguistisch zwischen Frikadellen, Fleischpflanzerln oder Buletten sowie in regionaler Hinsicht allenfalls noch zwischen Fischbrötchen und Leberkäs und nur der Grieche oder Türke Abwechslung verspricht, begegnen wir in Hellas – einen Omónia-

Würste und andere Spezialitäten auf Schritt und Tritt ...

Platz hat ja jede Stadt – einem unglaublichen gastronomischem Erfindungsreichtum für das Häppchen zwischendurch.

Es finden sich Künstler, die traditionelle *Mezedákia* mit internationalen Snacks bzw. den Trends der Zeit zu verbinden wissen: Man nehme z. B. eines dieser nach Wunsch zu füllenden Sandwichs. Rein theoretisch kann man zwischen Baguetteboden und -deckel (westeuropäisch) Würstchen, Ei, Speck, Salatblatt, Scheibenkäse und (griechisch) Féta, *Biftéki*, *Tzatzíki* und *Patátes* stapeln, alles zusammen natürlich. Mein Sohn verköstigt sich solcherart multikulturell mit Leidenschaft.

Oder die vegetarischen Leckerbissen im Bio-Laden an der Panepistimíou-Straße, Ecke Emmanouíl Benaki: Sie kombinieren die typisch griechischen Píta-Füllungen, Aufläufe und Püreesalate auf raffinierte Weise mit neuen internationalen Zubereitungsarten und Gewürzen. Schon die Farbpalette solcher Gemüseschnitten zwischen Gelb (Fáva = Platterbsen), Grün (Spinat), Lila (Auberginen) und Rot (Tomaten) lässt das Wasser im Mund zusammenlaufen. Rein griechische Traditionsstraßenküche wie *Gýros* z. B. oder herkömmliche Schnabulierecken mit Nüssen und Süßigkeiten gibt's natürlich auch allerorten, da beginnt das Angebot schon lange vor Omónia und endet lange danach. Im Zentralmarkt gibt es immer noch ein auf Kutteln (Patsás) und andere Suppen spezialisiertes Restaurant, das rund um die Uhr geöffnet hat (sowie tagsüber zahlreiche weitere), am Káningos-Platz, und die Athinás-Straße hinunter locken Berge von Nüssen, Mandeln, Pistazien, Feigen und *Loukoúmia* (meist mit „Sirupwürfel" übersetzt).

Natürlich kann man sich auch – nicht nur der Linie zuliebe – mit Obst verköstigen, sich unterwegs Tüten und Taschen je nach Jahreszeit mit Erdbeeren, Kirschen, Aprikosen, Pfirsichen, Trauben, Äpfeln oder Mandarinen füllen lassen und von diesen die nicht verzehrten nach Hause tragen. Die zu Pyramiden aufgehäuften leuchtenden Früchte locken an zahlreichen Ecken der Innenstadt. Im Spätsommer gesellen sich gebratene Maiskolben und im Herbst geröstete Maronen hinzu, und von ihnen wird nicht nur das Auge, son-

Nüsse über Nüsse in allen Formen, die man sich nur denken kann

Kouloúria – bei den Griechen als Snack für zwischendurch sehr beliebt

dern auch die Nase angezogen. So, wie von den berühmten Píta-Spezialitäten, den Käse- und Spinattaschen, oder dem Grillgut aus den vielen *Psistariés* weithin die Düfte wehen.

An den Metroeingängen bieten Selbstbedienungskästchen frische *Kouloúria* (Sesamkringel) an. Aber auch was das Backwerk angeht, gibt es spezielle Delikatessenstände: Da sind dann der Kringel viele, dickere und dünnere, mit Schokolade überzogene, mit Käse gefüllte und mit Sesam oder Zucker bestreute … und zu ersteren bietet der kluge Händler oft ein Schmelzkäseeckchen an.

Daneben hat das Angebot durch die Immigranten auch noch eine multikulturelle Note erhalten: Pakistanische Läden bieten knallbunte Süßigkeiten und pikante Teigtaschen an, in der Sofokléous-Straße kann man Falafel und Schawarma (die arabische Version von Gýros) essen, und rund um die Agíou Konstantínou bieten mehrere Imbisse russische Piroschki feil.

Bei all diesen großartigen Angeboten der vielen kleinen Delikatessen fällt die Wahl schwer. Vielleicht auch deshalb gilt für mich: Wenn ich auf meinem Weg durch die Stadt zur Redaktion meine guten Vorsätze vergesse, so lande ich, wie schon vor 25 Jahren, im *Souvlatzídiko* in der Gládstonos-Straße, wo die Fleischspießchen erfahrungsgemäß besonders saftig und rösch sind. Angesichts der vielen Köstlichkeiten ist natürlich so eine Dauerverköstigung mit Souvlákia recht eintönig, und so war es schon lange mein Wunschtraum, eventuell mit einem wagemutigen Besuch aus Deutschland an meiner Seite, mich zwischen der Platía Kániingos und der Geraníou mal ausgiebig auf Schlemmertour zu begeben.

Das habe ich neulich getan. Mitten in der griechischen Wirtschaftskrise. Meine Befürchtung, all die leckeren Stationen könnten vielleicht inzwischen mangels Nachfrage nicht mehr existieren, zerstob glücklicherweise schnell: Den Verlockungen leiblicher Genüsse entsagt auch der sparsamste Konsument anscheinend zuletzt, vor allem wenn sie preiswert zu haben sind. Selbst in der recht trostlos gewordenen Patissíon-Straße, rechts um die Ecke von Omónia, wo unzählige Geschäfte geschlossen haben, fand ich auf 500 Metern zehn (!) Imbissstände – wenn auch nur mit dem klassischen Minimalangebot aus *Tyrópittes*, Keksrollen und Croissants.

Papierflut

Der Briefkasten gibt kaum mehr Erfreuliches her, ihn füllen fast nur noch Rechnungen und Drucksachen. Statt wie einst ausführliche Briefe von Freunden und Verwandten aus der Heimat zu empfangen, finden wir kurze Nachrichten in unseren elektronischen Mailboxen. Sogar die Fotos vom letzten gemeinsam verbrachten Sommer oder die neuesten Bilder vom heranwachsenden Kleinkind werden per E-Mail versendet. Ich weiß nicht, wie es anderswo ist: Denn trotz der fortschreitenden Digitalisierung des Schriftverkehrs scheint mir parallel dazu, jedenfalls in Athen, die Papierflut immer mehr anzusteigen, eine besondere Form der Umweltverschmutzung, die mir schier über den Kopf wächst. Da häuft sich in kolossaler Verschwendung ein allein zum Wegwerfen produziertes Material an, ein Unrat aus meist überflüssigen Druckwerken müllt mich ein, und ich fühle mich ihm wehrlos ausgeliefert.

Verlasse oder betrete ich das Haus, stauen sich im Eingangsbereich haufenweise Prospekte und Reklamebroschüren auf dem Fußboden, die von unbekannten Boten unter der Tür durchgeschoben worden sind: die neuesten Preisknüller verschiedener Supermärkte, Offerten von Elektrohandlungen oder Heimwerkerbedarfsgeschäften, Glanzfotoseiten von Pizza-, Souvláki- und sogar Sushi-Verteilerdiensten, nicht zu reden von saisonal bedingten Werbeflyern, so z. B. der Flugpost aus den Wahlschlachten der Parteien in Zeiten politischer Stimmabgaben. Letzteres ist geradezu ein Thema für sich: Wo anderswo ein Stimmzettel für die Kreuzchen ausreicht, bekommt der griechische Staatsbürger ein dickes Bündel Papierfahnen, pro Partei oder Gruppierung jeweils eine, in die Hand gedrückt, mit der Aufgabe, alles Nicht-zu-Wählende gleich in der Wahlkabine in den Müllsack zu stopfen …

Nähere ich mich meinem Auto, leuchten mir schon von Weitem die unter die Scheibenwischer geklemmten Druckwerke entgegen: Schlüsseldienste, private Nachhilfeinstitute für Schüler (Frontistíria), Reifenmonteure, Heizöllieferanten und allerlei Heilige der letzten Tage bevorzugen diese Art Nachrichtenverkehr, um sich bekannt zu machen oder mich zur Buße aufzurütteln. Verärgert würde ich gern all die Zettel auf die Erde werfen, doch als umweltbewusster Mensch bin ich verpflichtet, bevor ich mein Auto starte, entweder gleich den nächsten Müllcontainer aufzusuchen oder das Papier erst mal im Innenraum meines Autos zu stapeln, bevor ich es recycle … Doch das kann sich als Bumerang erweisen. Neulich war ich ausgesperrt: Wo ist bloß das Info vom Schlüsseldienst hingekommen? Und unsere Pizza mussten wir spätabends selbst abholen: die Werbebroschüre mit der Telefonnummer des Bestelldienstes – längst recycelt …

Allerdings konzentriert sich die ungewünschte Papierflut nicht nur auf unser Zuhause. Kaum nähere ich mich der ersten Ampel, sehe ich mich mit Informationsmaterial beglückt, das inhaltlich den unter der Haustür durchgeschobenen Reklameblättern (s. o.) vergleichbar ist. Ein nachhaltig schlechtes Gewissen handele ich mir ein, wenn ich den auf der Motorhaube abgelegten Kärtchen nicht Glauben schenke, auf denen mir Hilfe heischende Menschen an den Kreuzungen mitteilen, dass sie sieben hungrige Kinder zu ernähren haben, während sich gerade die halbe Familie teuren Operationen im Krankenhaus unterziehen muss.

Inzwischen bin ich mir nicht mehr so sicher, ob die Menschen, die ihre Bittkärtchen unter die Scheibenwischer schieben, nicht wirklich in akuter Not sind. Seit die Wirtschaftskrise das Land in ihrem erbarmungslosen Griff hat, sehe ich hin und wieder Leute, die weder Zigeuner noch Immigranten sind, sondern irgendwo in den Straßen unserer Nachbarschaft wohnen, in den Spezialmülltonnen kramen, aus denen sie wieder verwertbare Gegenstände, auch aus Glas oder Metall, nicht nur Papier, herausfischen, um sie zu einem Häuflein klingender Münzen zu machen ... Auch deutet sich eine Veränderung an: Die Papierflut scheint letztlich nachzulassen: Reklameglanzdrucke sind wohl zu teuer geworden oder die entsprechenden Läden und Betriebe haben zugemacht.

Über dem Container, dem ich mein Papier zu schlucken gebe, steht geschrieben, dass eine Tonne abgeliefertes Altpapier 17 (!) Bäume rette! Also, stelle ich reumütig fest, gibt mir die Papierflut, die mich schon so geärgert hat, die Möglichkeit, verantwortungsvoll zum Schutz der Umwelt beizutragen. Oder etwa nicht? Zumindest, so scheint es, retten wir ausländische Bäume, wenn auch nicht unsere eigenen.

Denn das Papier, das wir in Griechenland zum Schreiben und Drucken brauchen, im privaten wie im öffentlichen Raum, stammt, wie jüngst bekannt gegeben wurde, ausschließlich aus dem Import und kostet, je mehr die Einkommen sinken, Staat und Privat immer mehr Geld. Eine Rückkehr zur Drachme würde Papierprodukte absolut zur Luxusware machen, und Lehrbücher und Arbeitsmaterialien für das Schulwesen zum Beispiel, deren Ausgabe dem Erziehungsministerium obliegt, drohen Mangelware zu werden, wie bereits jetzt schon Medikamente im Gesundheitswesen. Da ist nur zu hoffen, dass das aus dem Recycling neu produzierte „Umweltschutz-Papier“ in Griechenland hergestellt und nicht tonnenweise über die Landesgrenzen hinaus und dann wieder herein geschafft wird.

 Die Flut der Prospekte und Informationszettel im Treppenhaus

Fahrrad-Explosion

In jüngster Zeit fallen Veränderungen im Athener Straßenverkehr auf, die die Autofahrer zu mehr Vorsicht und Rücksicht zwingen. Nicht etwa, dass sie vor Zebrastreifen anhielten, wenn jemand sie überqueren will. Das geschieht nach wie vor eher selten - außer am Flughafen, wo sich internationale Regeln schon durchgesetzt haben. Vielmehr kreuzen immer mehr Fahrräder die Bahnen des motorisierten Verkehrs bis hinein ins Stadtzentrum. Sie rauschen rechts vorbei, wenn das Auto sich durch den Stau quält oder beanspruchen eine ganze Spur für sich und müssen im weiten Abstand überholt werden. Die Radfahrer sind dabei, sich die Straßen zu erkämpfen. Es begann mit gewaltigen Pulks, in denen sie sich zum Wochenendbeginn Richtung City systematisch sammelten, um demonstrativ in breiter Formation und mit heftigem Geklingel die Autokolonnen ins Abseits zu drängen. Inzwischen sind solche Aktionen seltener geworden, haben sich laut Auskunft eines Sachverständigen, der im Fahrradverkauf tätig ist, auf die Stadtrandgebiete verlagert. Doch mit ihren Protestparaden hatten die Fahrradfans offensichtlich Erfolg: Man ist dabei, sich an sie zu gewöhnen, auch wenn sie nun als gewöhnliche Verkehrsteilnehmer sich eher einzeln, doch weit häufiger als früher unter das Straßenverkehrspublikum mischen. Viel ist nun von offizieller Seite auch die Rede von Fahrradwegen, die man einrichten wolle und müsse, doch das ist eine Frage der Finanzen, und um die es ist in unseren schweren Zeiten nicht gut bestellt. Obwohl besagter Fachmann, Herr Jórgos, der mir in einer großen Fahrradhandlung der „Trítis Septemvríou", der 3.-September-Straße, bereitwillig Rede und Antwort steht, meint, die Einrichtung von Radwegen sei spottbillig, man müsse ja nur die Bürgersteige teilen und ein paar Schilder aufstellen: „Ómos, tróne ta leftá alloú". (Ich schäme mich fast, das zu übersetzen, aber sei's drum, deftige Aussagen gehören auch zur Krise: „Sie" - gemeint sind die Politiker - „essen die Gelder woanders" - lenken sie in die eigene Tasche um).

Die explosive Fahrradvermehrung steht in unmittelbarem Zusammenhang mit der Krise. Es geht darum, das teure Benzin zu sparen, dessen Literpreis nun erstmals in der Geschichte des griechischen Sprits die Preise an deutschen Zapfsäulen übersteigt. Sogar Moped- und Motorradfahrer satteln auf nicht motorisierte Zweiräder um, berichtet Herr Jórgos.

Die „Trítis-Septemvríou-Straße", eine belebte, aus dem gewaltigen Omónia-Platz abzweigende Parallelstraße zur Patissíon-Avenue, war und ist die „Fahrradstraße" Athens. Das bedeutet nicht etwa, dass dort besonders viele Radfahrer unterwegs wären, sondern dass sich dort, schon vor vielen Jahren und stadtbekannt, die größten Fahrradfachgeschäfte etabliert haben. Für das griechische Geschäftsgebaren ist es nämlich typisch, dass sich gleiche Fachhandlungen in der Nachbarschaft ansammeln, Konkurrenz neben Konkurrenz, das alte Prinzip der Zünfte. So gibt es in Athen zum Beispiel auch „Möbelstraßen" oder „Schuhstraßen" ... Für die Verbraucher hat dieses „Basar-Prinzip" den Vorteil, dass man die Ware, die man zu erwerben sucht, in Qualität und Preis leicht vergleichen kann. Man muss nur wissen, wo man was findet.

Nun müssten also in Athens „Fahrradstraße" entsprechend der gesteigerten Nachfrage die einschlägigen Geschäfte in letzter Zeit aufgeblüht sein, trotz Krise oder sogar wegen der Krise. Wie schön wäre es doch einmal, etwas Positives aus diesen

Zeiten der Not berichten zu können! Mit der Schlagzeile: „Die Athener werden immer sportlicher - der Fahrradhandel floriert". Mit dieser Erwartung jedenfalls bin ich zu meinen Recherchen aufgebrochen.

Das erste, was ich bemerkte, war, dass ich jenes große Eckgeschäft, in dem wir vor einigen Jahren die Fahrräder unserer Kinder erstanden hatten, „mein" Fahrradgeschäft nicht mehr fand. Gibt es nicht mehr. „Ursprünglich", sagt Herr Jórgos, „gab es in unserer Straße 19 Fahrradhandlungen. Jetzt sind es noch drei". Sein Geschäft scheint auf den ersten Blick klein zu sein, fast wäre ich nicht eingetreten. Ein Erdgeschossladen mit Kinderfahrrädern, viele mit Stützrädchen, und mit Regalen voller Ersatzteile, Helme und anderer Accessoires, im Keller aber ein riesiger Saal, wo sich funkelnd neue Räder so dicht an dicht sowie zweigeschossig in Nischen aneinander reihen, dass kaum ein Durchkommen für die Auswahl bleibt. „Nein, das Geschäft geht nicht gut, denn die Leute möbeln ihre alten Räder auf, die sie in irgendeiner Ecke des Hauses stehen haben. Fahrräder gibt es mittlerweile auch in Spielwarenhandlungen und sogar im Supermarkt. Das Fachgeschäft ist nicht mehr gefragt. Außerdem werden nur noch die billigsten Räder gekauft. Die Qualitäts- und Spezialräder um 2.000 Euro aufwärts - vorbei." Die meisten Fahrradkäufer würden aber auch einen Fahrradhelm dazu nehmen, sagt Jórgos. Sie waren sicher ehemals Autofahrer und wissen: Dem Athener Autoverkehr ist eben nicht ganz zu trauen.

Fahrradfahrer erobern sich die Straßen vor dem Parlament.

Götter, Menschen, Fabelwesen

Zu einer „Nacht im Museum" lud vor ein paar Jahren ein Film ein, ich habe ihn nicht gesehen. Jedenfalls sollen bei diesem Werk Gegenstände nachts erwachen und allerlei anstellen. Das ist gar keine neue Idee, sondern bildet schon den Inhalt manches alten Märchens, das in seiner Weisheit den Dingen Leben einhaucht ...

Ich aber habe schon am helllichten Tag ein Museum voller lebendiger Exponate erlebt, Statuen, Relieffiguren und Bilder, die zu mir redeten und mich, im wahrsten Sinne des Wortes, anlächelten, selbst die Monster – die Löwen, Schlangen, Gorgonen und Sphingen – und sogar die strenge, unnahbare Göttin Athena waren liebenswert und erzählten mir Geschichten aus den Zeiten, aus denen sie zu uns gekommen waren. Und neben mir wanderten viele Menschen durch die Hallen und Säle des Museums, denen es so ging wie mir, zu denen all diese alten Gestalten aus Stein, Marmor oder Bronze zu sprechen schienen und die durch das, was sie sagten oder vielmehr dadurch, dass sie gesehen und gehört wurden, auf neue Art eine gegenwärtige Bedeutung wiedererlangten.

Nach längerer Zeit hatte ich wieder „To Moussío" besucht, nämlich das Archäologische Nationalmuseum, das aber kein Einheimischer so nennt, mag es auch viele andere Museen geben. Sogar im Hinblick auf das großartige neue, einzigartige Akropolis-Museum (das aber ist eine andere Geschichte, über die noch berichtet wird)

Die Eleusischen Gottheiten Demeter Kore und Triptolemos, 5. Jahrhundert v. Chr., Athen

gilt: Das Nationalmuseum ist und bleibt aufgrund seiner Tradition, die in die Gründerzeit des neuzeitlichen griechischen Staates zurückreicht, *das* Museum. So wird es auch der Welt vermittelt, in der es schließlich einen einmaligen Rang hat: Einfach nur Moussío steht auf den Wegweisern, die zu ihm hinführen und Moussío heißt auch das umliegende Stadtviertel. Es war lange geschlossen und wurde instandgesetzt, insbesondere Erdbebenschäden von 1999 galt es zu beheben. Wie oft ich schon hier war, allein oder zu zweit, mit Gästen aus Deutschland, ich weiß es nicht mehr ... Pflichtbesuche waren es manchmal. Dass mir jetzt alles anders, farbiger, freundlicher, lebendiger, vorkam, liegt nicht an äußerlichen Veränderungen, nicht an der während meines Besuchs 2007 gerade eröffneten erstaunlichen Ausstellung „Bunte Götter", nicht an frischen Wandanstrichen oder der räumlichen Umstellung der Exponate - die Statuen und der Inhalt der Vitrinen, alles war, noch ganz vertraut, am alten Platz.

Was sich geändert hat, ist ... ? - ja die gesamte Atmosphäre des Hauses. Es strahlt vom Lächeln nicht nur der archaischen Kouroi, sondern der Menschen, die sich zwischen ihnen bewegen.

Da ist einmal das Personal: Keine anonymen, steifen, freudlosen Wächter mehr, die aus den Ecken heraus misstrauisch beobachten, sondern freundliche Gesichter engagierter junger Damen und Herren, die Interesse und Entgegenkommen signalisieren ...

Und dann die Besucher: Zahlreich strömten sie an diesem Vormittag, mitten im untouristischen Winter, über die Freitreppe herein, durchwanderten die Säle, scharten sich um die Highlights. Touristen? Gewiss, eine lebhaft diskutierende japanische Reisegruppe war auch da, und hier und dort blätterte ein bildungsreisendes älteres Ehepaar gemeinsam im Reiseführer. Aber die meisten waren Athener! Mütter mit Kindern, junge Paare, Gruppen von Freundinnen verschiedenen Alters, intellektuell blickende Einzelpersonen ... Dann und wann hockte ein Student, eine Studentin auf dem Boden und zeichnete auf große Blöcke weißen Papiers den Kouros von Soúnion oder die Hegesó ... Man hätte ihnen so gern über die Schulter geguckt, aber niemand traute sich außer den quirligen, eifrigen Kleinen einer großen Kindergartengruppe.

Die Athener haben endlich wirklich ihre kulturellen Schätze entdeckt und erwecken die Bildnisse von Göttern, Menschen, Tieren und Fabelwesen Tag um Tag zum Leben, so dass diese es nicht nötig haben, in der Nacht herumzugeistern.

Das Archäologische Nationalmuseum an der Patissíon

Wachsoldaten: die Unerschütterlichen

„Ta palikária mas“, sagte der Taxifahrer und wies mit einer stolzen Handbewegung auf die gerade zur Ablösung marschierenden Wachsoldaten, an denen wir soeben zufällig vorbeifuhren: *Palikária*, ein fast unübersetzbarer Begriff, immer mit dem Ausdruck von Stolz, Freude und Anerkennung verwendet, bedeutet so viel wie: unsere trefflichen, tapferen, prachtvollen jungen Männer, ganze Kerle eben. Und das sind sie in der Tat, diese mit schleifenden, weit ausholenden Beinbewegungen ausschreitenden Paradesoldaten, die den Namen Evzonen tragen, das bedeutet ursprünglich in fast homerischem Klang: die schön Gegürteten. Sie tragen eine an der Tracht der Gebirgsbauern aus der Zeit des Unabhängigkeitskrieges angelehnte Uniform mit gefälteltem Rock, Schnallengürtel, weißen langen Wollstrümpfen, die unter dem Knie mit einem Quastenband geschmückt sind, Schnabelschuhen mit großer Troddel, genannt *Tsaroúchia*, sowie einer Kopfbedeckung, einem Fes ähnlich, mit einer weiteren langen Troddel.

Im Winter besteht die Tracht aus dunkelblauem Wollstoff, im Sommer aus beigefarbener Baumwolle, und sonn- und feiertags kleiden sie sich in das traditionelle Fest- und Hochzeitsgewand jener Helden aus den Bergen: schneeweißes Hemd mit gebauschten Ärmeln, steif gestärkter weißer Plisseerock und goldverzierte Weste. Die jungen Männer sind immer hoch und stattlich gewachsen und meistens auch gutaussehend.

Evzonen bei der Wachablösung

Paradeschritt am Grabmal des Unbekannten Soldaten

Nach solchen Kriterien werden sie ausgewählt und nach ihrer – nein, nicht direkt nach ihrer politischen Gesinnung, doch dürfen sie keiner extremen Partei angehören. „Sie müssen vor allem schöne lange und wohlgeformte Beine haben", weiß mein Taxifahrer zu berichten und schmunzelt, denn er weiß noch mehr. Und erzählt mir von den vielen, vielen Zettelchen mit Telefonnummern, die von Touristinnen neben den standhaften Wachsoldaten hingeworfen würden. Deshalb stünde nicht weit von den paradierenden Evzonen immer ein Aufsicht führender, normal Uniformierter, der nicht nur ab und zu ihre verrutschten Mützen gerade rücke oder die Falten schön ordne, sondern vor allem solche die Würde und den Anstand störenden Briefchen einsammle. Ob er sie später zurückgibt …?

Die Ausdauer und eiserne Unerschütterlichkeit der Wachsoldaten wird auf eine harte Probe gestellt, sie müssen unbeweglich verharren, ob sie nun von Kindern gefoppt, von Damen beflirtet oder einfach nur als malerisches Begleitmotiv fürs Ferienfoto benutzt werden. Immer wenn Touristen zu nahe herantreten an die gewissenhaft Unbeweglichen, die sich nur mit ihren Augen wehren dürfen, tritt die dezent beobachtende Wache aus dem Hintergrund heraus und wird aktiv – auch wenn vielleicht jemand nur nachzählen wollte, ob ihre Röcke tatsächlich in genau 400 Falten gelegt sind, die 400 Jahre osmanische Unterdrückung symbolisieren sollen.

Man muss wissen, dass die Evzonen vor dem griechischen Parlament am Sýntagma-Platz von Athen die Ehrenwache am Grabmal des Unbekannten Soldaten bilden. Dort legen Staatsgäste ihre Kränze ab. Jeden Sonntag um 11 Uhr ist hier Große Parade mit Musik. Dann wird für eine Viertelstunde der Autoverkehr in der Innenstadt lahm gelegt. In der Iródou-Attikoú-Straße hinter dem Nationalgarten stellen die Evzonen die Präsidialwache vor dem Palast des Staatsoberhauptes. Und schräg gegenüber, an der Ecke zur Vassilíssis-Sophías-Straße, befindet sich ihre Kaserne, wo man ihren Aufbruch und Einmarsch bei der Wachablösung miterleben kann und hin und wieder die hoch gewachsenen jungen Männer sieht, wie sie, ganz natürlich in Jeans oder Trainingshose, den Basketball ins Korbnetz lotsen.

Das Kafeníon

An dieser urgriechischen Institution entzündeten sich früher, d. h. in den ersten Jahren zunehmenden Fremdenverkehrs nach dem Fall der Diktatur, immer wieder Debatten, die man auch in Reiseführern nachlesen konnte und in denen ein hartnäckiges, aber mittlerweile ausgestorbenes Vorurteil zutage trat: In Griechenland seien Frauen aus den Cafés ausgesperrt und ins Haus verbannt. Der Irrtum beruhte schon auf der Fehlinterpretation, dass das Kafeníon ein Café sei. Das Kafenion war und ist kein Café, sondern das, was man anderswo unter einer Kneipe versteht. Mit einem wesentlichen Unterschied: Es geht dort selten um Alkoholgenuss – allenfalls einen kleinen Oúzo oder einen Tsípouro, einen nur, gönnt man sich –, sondern tatsächlich meist um ein Tässchen – wieder ein einziges – griechischen Kaffee, den *Ellinikós*, den man beileibe nicht mit dem türkischen verwechseln darf, obwohl er tatsächlich genau dasselbe ist! Im Kafeníon sieht man wirklich selten eine Frau, und wenn, dann ist sie oft die Wirtin. Aber auch junge Männer sind hier rar.

Das klassische Kafeníon ist eine Domäne der alten Herren. Hier sitzen sie, zu jeder Tages- und Abendzeit, die Stunden der Mittagsruhe ausgenommen, allein mit der Zeitung, öfter aber in geselliger Runde, spielen Karten oder Távli, diskutieren oder beobachten das Treiben auf der Straße. Deshalb haben die traditionellen Kafenía riesige Fenster ohne Vorhänge: Die drinnen Sitzenden können am Leben draußen teilhaben,

Ältere Herren vor dem Kafeníon in ihrem Bergdorf auf der Peloponnes

Kafeníon im Athener Stadtteil Exárchia

und die draußen Stehenden können sehen, wer von ihren Nachbarn und Freunden anwesend ist.

Dabei ist das klassische Kafeníon der ungemütlichste Ort, den man sich vorstellen kann: Kahle Fenster, schlichte Holztische und -stühle, ein Tresen, hartes Neonlicht, Rauchschwaden selbst noch in Zeiten des Rauchverbots. Natürlich ist die Gemütlichkeit Ansichtssache. Die alten Herren flüchten vielleicht allzu gern aus den mit Spitzendeckchen und Nippes überfüllten Wohnzimmern ihrer Ehefrauen in diese zweckorientierte Kargheit. Und sind mit ihrem Tässchen Kaffee und einem Glas Wasser bei Ihresgleichen – stundenlang.

Es ist typisch für Griechenland, besonders auf dem Land, aber auch in der Stadt, in die einst viele vom Dorf hinzugezogen sind, dass Rentner der ältesten Generation fast ihre ganze Zeit im Kafeníon zubringen. Es scheint die einzige Muße zu sein, die sie während ihres Arbeitslebens kennengelernt haben. Inzwischen aber ändert sich das merklich. Nachrückende, in der Großstadt Aufgewachsene haben mehr Interessen für ihre Freizeit entwickelt, und so scheint das eben als charakteristisch beschriebene Kafeníon in Athen langsam auszusterben bzw. seinen Stil zu ändern.

Seit einigen Jahren sind neu eingerichtete Kafenía hübscher geworden. Schon über der Tür liest man auf schön bemalten Holzschildern die Bezeichnung Kafeníon, innen sind die Wände mit Bildern geschmückt und wird der *Ellinikós* nun gern im kupfernen Bríki, dem Stielkännchen, serviert, in dem er auch gekocht wird … Aber – dies nur nebenbei – er wird gar nicht gekocht, sondern man sagt: „O Kafés psínetai“ – er wird gebraten, geschmort, was sein langsames, mit Geduld bewachtes, Bläschen über Bläschen gebärendes Köcheln beschreibt, dessen aromareiche Wirkung sich am effektivsten in künstlich erhitztem Meeressand entfaltet.

In den nostalgisch auf traditionell gemodelten neuen Kaffeehäusern – ein echtes, angestammtes Kafeníon war und ist wie gesagt nie hübsch – sieht man dann auch jüngere Männer und sogar Paare … sowie Touristen! Viel eher handelt es sich bei einer solchen Einrichtung jedoch um eine falsch benannte Cafeteria. Und dorthin gehen seit eh und je auch die Frauen!

Der Kiosk

Zweifellos gibt es überall in der Welt Kioske, an denen man Zeitungen, Zigaretten und Süßigkeiten kaufen kann. Doch in Griechenland ist der Kiosk eine Einrichtung eigener Art. Seine Bezeichnung Períptero (eigentlich Pavillon) deutet an, dass er rund herum zugänglich ist, und tatsächlich stehen die meisten Kioske allseitig frei am Straßenrand und sind nach vorn, an ihrer Hauptseite offen, haben an den Seiten häufig je ein Fensterchen (jedenfalls die älteren Kioske), durch das man den Inhaber, die Inhaberin ansprechen kann, und auf der Rückseite die Tür. Der griechische Kiosk ist entweder ein Miniaturkaufhaus bzw., griechisch ausgedrückt, ein Pantopolíon, in dem man *ta pánta* – buchstäblich alles – findet, oder ein Spezialgeschäft.

Dabei ist er keineswegs größer als anderswo, sondern er scheint, ähnlich einem Zauberschrank im Märchen, unerschöpflich zu sein. Tief drinnen zwischen den wohl sortierten vier Wänden sitzt ein freundlicher Mensch, Mann oder Frau, und erteilt jede gewünschte Auskunft – jedenfalls für sein Revier –, wechselt große Scheine in Kleingeld und hilft mit seinen tausend Kleinigkeiten manch Einem aus Schwierigkeiten: Ich z. B. habe unzählige Male, unterwegs zu einem beruflichen Termin, den daheim vergessenen Kugelschreiber oder ein Schreibblöckchen am Kiosk erstanden. Nach einer Autopanne mussten wir einmal an einem fremden Ort über Nacht bleiben und erwarben am Kiosk Seife, Kamm, Rasierzeug und alles Notwendige für die Zahnpflege …

Typischer Kiosk in der Innenstadt: alles was das Herz begehrt!

Früher – und das ist wahrhaftig noch nicht lange her – hatten die Kioske ein rotes Telefon, von dem jeder dringende Gespräche führen konnte. Im Zeitalter der Mobiltelefone sind diese öffentlichen Apparate natürlich weitgehend überflüssig geworden. Wenn ringsum an Schnüren die frisch gedruckten Mittagsblätter aufgezogen werden, übernimmt der Kiosk die Funktion eines öffentlichen Nachrichtendienstes und leistet einen unschätzbaren Beitrag zur Meinungsbildung. Menschengruppen sammeln sich dann, sie lesen die Schlagzeilen und beginnen oft auch zu diskutieren, Menschen, die sich gar nicht kennen.

Sucht man allerdings so ganz schnell im Vorübergehen etwas Besonderes an einem Kiosk zu erwerben, so muss man wissen, wie sich die Mini-Fachgeschäfte über das Athener Zentrum verteilen. Nur die Kioske an Haltestellen haben Fahrscheine für die Verkehrsmittel, Stadtpläne, touristische Führer und Ansichtskarten konzentrieren sich auf die Períptera am Sýntagma-Platz und am Nationalmuseum sowie im Bereich der Akropolis; deutschsprachige Taschenbücher und Schwimmtiere findet man in Glyfáda, in Strandnähe; Sonnenbrillen und Modeschmuck reihen sich in der Stadíou-Straße zu beachtlichen Sortimenten, Gürtel, Sonnenhüte und Flaggen indes in der Athinás-Straße; rund um die Panagía-Chryssospiliótissa-Kirche in der Äólou sind die Kioske auf Ikonen, Weihrauchampeln und Kirchenbedarf spezialisiert, und Fastnachtsmasken gibt es nur in der Panepistimíou, nahe Omónia, dort aber das ganze Jahr über!

Mit Flaggen geschmückte Rückseite eines Kiosks in der Athener Athinás Straße – auch ein Schutz gegen die Sonne

Die veränderte Stadt

Als ich Mitte Februar 2012 ein Ziel in der Innenstadt aufsuchte, das sich im Bereich des Omónia-Platzes befindet, hatte ich mich entschlossen, die Strecke durch das Zentrum nicht wie üblich unterirdisch zurückzulegen, also die Metro zu benutzen, sondern zu Fuß zu gehen, – wollte ich doch, aufgeschreckt durch bestürzende Nachrichten, mit eigenen Augen sehen, welche Schäden bei den Protestkundgebungen am Wochenende in Athen angerichtet worden waren. Vom Sýntagma-Platz aus lief ich die Panepistimíou-, die Universitätsstraße, entlang und unternahm mehrere Abstecher in die parallelen Hauptstraßen, nach links in die Stadíou- und nach rechts Richtung Akadimías-Straße: Und von Ecke zu Ecke, von Block zu Block, von Gebäude zu Gebäude war es nicht mehr die Stadt, die ich kannte, es war nicht mehr mein Athen. Nicht unbedingt wegen der schlimmen Zerstörungen, sondern vor allem wegen der drückenden Atmosphäre, der Kümmernis, der Lähmung, aber auch wegen dem fast schockartigen Hasten, das mir rundum begegnete, das sich in den Schritten und auf den Gesichtern der Menschen abzeichnete, von denen viel weniger als sonst auf den Straßen unterwegs waren.

Vor allem konnte man überall diesen Geruch wahrnehmen; ich kannte ihn gut. Er lag schon manches Mal nach immer wieder kehrenden sommerlichen Waldbränden über uns: Bitterer, abgestandener Rauch. Doch ich war nicht in einem Stadtrandgebiet, sondern mitten in der City, und es war Winter: So heftete sich der Geruch als kalter stinkender Dunstkreis an meinen Weg, der mich von einer Brandstätte zur nächsten führte, von schwarzen Schlünden gestern noch belebter Passagen hin zu den Gerippen im Feuer geborstener, oft historischer Giebel und entleerter Fensterrahmen und über Straßenkreuzungen, an denen alle, aber wirklich alle Ampeln zerschlagen waren … Hier und da standen Polizeiwagen und Feuerwehrautos, einzelne Menschen machten sich beherzt ans Aufräumen, andere standen fassungslos und wieder andere senkten die Köpfe und gingen schnell weiter … Weiter – das heißt nun vorbei an gewaltsam beschädigten Marmorportalen und abgebröckeltem Stuck, an zerschlagenen Scheiben, verbogenen eisernen Ziergittern und Schmuckkonsolen, herausgebrochenen Stahlrollläden, die hätten schützen sollen, und an verriegelten und verbarrikadierten schon länger aufgegebenen Läden. Und vorbei an Menschen, die, etwa alle 20 bis 30 Meter, auf der Straße saßen, ein Instrument spielten, die Papiertaschentücher zu verkaufen suchten oder einfach nur die Hand aufhielten – immer seltener Migranten. Es ist nicht mehr „nur" das Elend aus Afghanistan oder Bangladesch, sondern das Elend und die Verzweiflung und schließlich die Wut der hiesigen, welche Athen, die betriebsame, lebenssprühende, selbstbewusste und auf eine gewisse widerborstige Art für mich so liebenswerte Stadt so zu verändern drohen, dass Angst aufkommt. Das Kaputtschlagen war und ist die Reaktion auf ein beispielloses Kaputtsparen, das kein Ende zu nehmen scheint. Beispiellos?

Peter Bofinger, führender Vertreter einer nachfrageorientierten Wirtschaftspolitik in der „Süddeutschen Zeitung" spricht von einer wirtschaftlichen Depression, wie es sie zuletzt Anfang der 1930er Jahre gab. „Die jetzt beschlossenen Maßnahmen wie die Senkung des Mindestlohns, Rentenkürzungen und die Entlassung von 15.000 Staatsbediensteten erinnern fatal an die Notverordnungspolitik des Reichskanzlers Heinrich

Brüning von 1930 bis 1932“, stellt er fest – und könnten das Land „in den Abgrund stoßen“. Indes hier in Athen selbst können wir einen Zeitzeugen zitieren, der diese der heutigen griechischen Lage vergleichbare Situation im Deutschland der Weimarer Republik vor 80 Jahren miterlebt und aufgeschrieben hat:

Der damalige Pfarrer der evangelischen deutschsprachigen Gemeinde, Dr. Carl Kindermann, reiste zwischen 1929 und 1932 häufig kreuz und quer durch deutsche Länder und Städte, um Spenden für den geplanten Bau einer eigenen Athener Gemeindekirche zu sammeln, und schilderte seine Eindrücke aus der alten Heimat im monatlich erscheinenden „Gemeindebrief“. So schrieb er im September 1932 im pathetischen Stil seiner Zeit, aber wohl durchaus klarsichtig: „Über Deutschland schwebt Todesgefahr des Leibes und der Seele. Wer die erloschenen Blicke der aus ihrer Arbeit Vertriebenen gesehen hat, die blinden Fensterscheiben der Werkstätten, die Leere der sommerlichen Straßen, den Gespensterkampf zwischen Bruder und Bruder, der hat das Fürchterlichste gesehen, was es hienieden geben kann.“

Damit sich diese beängstigende historische Parallele nicht fortschreibt, brauchen Griechenland und seine Menschen Anteilnahme und Aufbauhilfe.

Jugendliche Randalierer bei Ausschreitungen vor dem Parlament

Über die räuberischen Klippen

Der oft ganz kurze Zeitraum zwischen Ostern und dem 1. Mai sowie andere Triímera – Serien von drei Feiertagen bzw. verlängerte Wochenenden – zeigen es immer wieder: Wenn die Athener aus ihrer Stadt ausbrechen, füllen sich die Nationalstraßen Richtung Norden (Lamía-Thessaloniki) und Süden bzw. Südwesten (Korinth-Patras) mit zähflüssigen und stockenden Blechlawinen, die die Freude am auswärtigen Festefeiern gründlich vergällen können. Wir weichen dann auf dem Weg zur Peloponnes vor dem Stau meist auf die sogenannte Alte Nationalstraße aus.

Diese Strecke zwischen Athen und Korinth, obwohl kurvenreich und stellenweise steil und eng, ist durchaus reizvoll und auch als Spazierfahrt zu empfehlen. Mal führt sie hoch über dem Meer auf Steilküsten dahin, mal hart am Wasser entlang, dann wieder abseits des Ufers durch Dörfer hindurch, die nicht unbedingt zu einer Rast verlocken, aber doch in ihrer Betriebsamkeit bemerkenswerte Eigenheiten aufweisen. Immer wieder kreuzt die Straße die einspurige Gleislinie der alten Bahn, die einst über den Isthmus von Korinth zur Peloponnes hinüber führte, über der aber inzwischen für die neue, schnelle S-Bahn-Linie eine Parallelstrecke entstanden ist, oben am Hang und von der Straße unberührt. Hinter den ersten Kurven der alten Küstenstraße sieht man ein großes Schiffswrack, das seit scheinbar ewigen Zeiten und wohl noch für eine weitere Ewigkeit im Uferwasser auf der Seite liegt. Die Dörfer Loutrópyrgos und Neráki zeichnen sich durch eine Reihe von Verkaufsständen aus, die Muscheln anbieten, – schwarzblaue Miesmuscheln und herzförmige Venusmuscheln stapeln sich zu Häufchen, und vor den Tavernen trocknen Oktopus-Fangarme an Schnüren. Einst ein Armenmahl, sind alle diese *Thalassiná* (Meeresfrüchte) längst zu Delikatessen geworden, gelten aber immer noch wie von alters her als Fastenspeisen und daher für uns, die wir schon unterwegs sind zur Osterfeier, gerade nicht mehr interessant. Früher fragte ich mich, hier vorbeifahrend, immer wieder, von welchen Kulturen die Muscheln wohl stammten, scheint doch hier das Meer, nahe den Industriezonen von Piräus und Eleusis, nicht unbedingt appetitlich. Inzwischen weiß ich aber: Sie kommen aus Zuchten der Insel Salamis, und zwar aus sauberen Gewässern – die nahe gelegene größte Kläranlage im Athener Raum macht es möglich. Auch historisch und mythologisch hat die Strecke einiges zu bieten: Sie läuft parallel zu Salamis, genau entlang der Meeresenge, an deren Ansatz 480 v. Chr. die das Abendland rettende Seeschlacht stattfand, und angesichts der geographischen Situation kann man sich nur wundern: weniger darüber, wie klug die Griechen waren, die persischen Schiffe in diese Falle zu locken, als vielmehr, wie blauäugig die Perser gewesen sind, dort so brav hineinzufahren.

Nachdem die Straße in liebliche, von rotem Klatschmohn gesäumte Olivenhaine und Pistazienplantagen abgedriftet ist, kommt sie an der Kakiá Skála, der Schlechten Steige, wieder an die Küste. Einst drohten hier nicht nur dräuend die Felsen, sondern auch grausame Räuber, denen der Held Theseus den Garaus bereitet hat. Nach ihm, dem Heros, und nach Skiron, dem schlimmsten der Räuber, der seine Opfer zwang, ihm die Füße zu waschen, um sie dann mit einem Fußtritt ins Meer zu befördern, sind auf der Neuen Nationalstraße weiter oben Tunnel benannt. Einer von ihnen trägt den Namen des einst hier beheimateten großen archaischen Ingenieurs, der im 6. Jahrhundert v. Chr. auf der Insel Sámos einen mehr als ein Kilometer langen Tunnel baute, den er von beiden Seiten aus graben ließ, aus Zeitgründen, wie es hieß: Eupalinos aus Megara. Heute ist Megara ein Marktflecken, dessen Häuser sich unordentlich und regellos über zwei Hügel breiten, doch war die Stadt einst eine bedeutende Rivalin Athens. Übrigens kamen nach Theseus die Räuber wieder, sie machten noch bis ins 19. Jahrhundert den alten Klippenpass unsicher, und erst der Bau der Eisenbahn nach Korinth konnte sie endgültig vertreiben.

Köstlichkeiten aus dem Meer: frisch und mit Eis gekühlt

Ein Athener in Thessaloniki

Natürlich gibt es Ähnlichkeiten: Hier wie dort ein Häusermeer, antennengespickte Flachdächer, endlose Verkehrslawinen besonders auf der Küstenstraße, die hier nicht Possidónos, sondern Níkis heißt, unter Meeresbrise und Autoabgasen allerdings längere Reihen von Straßencafés ... Angekommen war ich in einem ähnlich wie in Athen eher provinziellen Bahnhof, doch einer mit großer historischer Bedeutung: einst Ende der Mitteleuropa-Balkan- und Anfang der Orientstrecke.

Die Taxifarbe sagt eindeutig: Dies hier ist eine andere Stadt. Statt weithin leuchtendes Gelb wie in Athen ein elegantes, dezentes Blau, von dem sich weiß das Autodach absetzt: Um ein Taxi im Straßenbild ausfindig zu machen, muss man seine Augen dafür etwas mehr anstrengen. Dann fährt man los, und die besondere Atmosphäre dieser Stadt ist sofort spürbar. Über die beeindruckende Egnatia-Straße ist überraschend schnell das Zentrum erreicht: Thessaloniki hat etwa nur ein Viertel der Einwohner der Hauptstadt, ungefähr eine Million. Hier lebt also nur rund ein Zehntel der Griechen, doch auch hier sind nicht alle von hier. Der Taxifahrer, der uns später zur Stadtmauer hinauffährt, kommt aus Kreta. Die Befestigungsanlagen sind zumindest in der Oberstadt in stolzer Größe erhalten, ein Turm aus dem Mittelalter ist Thessalonikis Wahrzeichen – Athen war im Mittelalter dagegen ein Kaff! Und der kretische Taxifahrer, der versuchsweise zuerst nach Athen emigriert war, sagt zum Abschied, man lebe in Thessaloniki viel angenehmer.

Die Altstadtwohnhäuser auf der Höhe sind meistens neu, doch eng aneinander gelehnt, fast ausnahmslos im traditionellen Stil gebaut: Unter Ziegeldächern und über schmaleren Sockelgeschossen lehnen sich die Obergeschosse selbstbewusst hervor. Das sind Merkmale einer kleinen Stadt und einer Stadt, die besser auf sich aufgepasst hat. Doch kaum hat man, hinabsteigend, die erste Leofóros erreicht, wirkt Thessaloniki auf besondere Art großstädtischer als Athen, eine Metropole mehr im europäischen Sinn, mit schicken Geschäftsstraßen und schön umbauten Boulevards, Flanierzeilen und Sehenswürdigkeiten aus verschiedenen Epochen, die, in Spaziergangtakten erreichbar, in begrünte Plätze gebettet sind. Es ist eine feinere, elegantere, weiblichere Stadt, die sich als duftendes Flair, an manchen Stellen auch als schwereres Bouquet, einen Hauch Orient aufgelegt hat ...

Thessaloniki strahlt mehr historische Kontinuität aus. Die kaiserlich-christliche Verwaltung suchte sich hier neben Byzanz ihr Zentrum. Athen, einst geistige Mitte der antiken Welt, verkam mit der Schließung seiner Philosophenschulen und Tempel zum unbedeutenden Provinznest, um erst im 19. Jahrhundert als konstruierte Hauptstadt und Königssitz auferweckt zu werden. Thessaloniki aber verkümmerte nicht, es wurde zerstört und blühte wieder auf, es „leckte" seine Wunden und lebte weiter ... eine bedeutende Handels- und Hafenstadt von Anfang an und zu jeder Zeit, Brücke zwischen Ländern und Meeren, Okzident und Orient. Mehr als anderswo in Griechenland drang hier der Geist der europäischen Aufklärung ein, und es entwickelte sich früh ein starkes Bürgertum. Thessaloniki ist heute internationale Geschäftsdrehscheibe und Messestadt – nicht Athen.

Der Athener in Thessaloniki beobachtet auch bei den Menschen dort Wesenszüge, die er in Athen immer mehr verloren glaubt: Freundlichkeit, Muße und Humor. In den Geschäften und auf den herrlich gemischten, von türkischen Kuppeln gedeckten und kleinen Tavernen eroberten Märkten nehmen sie sich Zeit für ein Gespräch, einen kleinen Spaß. Thessaloniki ist süßer und dies nicht nur an den unzähligen Ecken, wo der Zimt- und Vanilleduft seiner traditionellen Backwerke und Konditoreispezialitäten nachhaltig in die Straßen weht.

Schließlich war jene Thessalonike, die der Stadt am Thermaischen Golf den Namen gab, eine anmutige Prinzessin, nicht eine unnahbare Göttin. Ihr Mann Kassander, Sieger im Kampf um die Nachfolge ihres Halbbruders Alexanders des Großen, muss sie jedenfalls geliebt haben, wie sonst hätte er seine neue, 315 v. Chr. gegründete makedonische Metropole nach ihr benannt! Wir denken sie uns als schöne Frau, vielleicht herrische, launische Königin, aber ein Mensch von Fleisch und Blut, warm und lebendig ... Pallas Athena aber, die Göttin, welche die Herrschaft über die Stadt, die ihren Namen trägt, in einem intelligenten Wettstreit errang, Geistgeburt aus der Stirn des Göttervaters, eherne Jungfrau, Wissenschaftlerin und Kriegerin, darf man sich von gepanzerter Kälte vorstellen. Doch hatte wohl auch sie ihre liebenswürdigen Seiten, so wie „ihre“ Stadt.

Der Weiße Turm von Thessaloniki an der Uferpromenade

Jede Insel eine Welt

Setzte man jemanden mit verbundenen Augen zwischen Thássos und Kárpathos auf irgendeiner Insel ab, würde er, vom Augentuch befreit, wahrscheinlich sofort feststellen, dass er auf einer griechischen Insel sei! Doch ein geflügeltes Wort in Griechenland sagt: Jede Insel ist anders und eine Welt für sich. Wollte dieser Satz auf seinen Wahrheitsgehalt erforscht werden, bräuchte es bei rund 3.000 Inseln eine ganze Kosmologie! Freilich zählen dazu auch alle kleinen und kleinsten Felseneilande, und die können eigentlich so verschieden von einander gar nicht sein ... Immerhin rund 140 der griechischen Inseln sind ständig bewohnt, wenn auch manchmal nur von ein paar Schäfer- und Fischerfamilien, die immer noch nicht abgewandert sind und an einsamen Stränden Zimmer vermieten. So ein Inselchen ist z. B. Elafónnissos zwischen dem peloponnesischen Hafen Neápolis und der Insel Kýthira, das mit nur 26 Kilometern Küstenlänge, wundervollen Sandstränden und kristallklarem Wasser aussieht wie eine Malediveninsel ohne Palmen und nichts anderes als Erholung garantiert.

Mindestens 50 griechische Inseln sind international bekannte touristische Ziele. Es gibt Leute, die sammeln Inseln und zählen dann stolz auf, wie viele sie bereits besucht haben. (Ich habe es bis jetzt auf 30 gebracht.) Da sich die Ägäischen Inseln praktischerweise geographisch in Archipele aufteilen, kann man sie sich schön geordnet vornehmen: die Nördlichen Sporaden, den Dodekanes und natürlich die Kykladen – der Reihe nach wie Perlen an der Kette, das wäre das sprichwörtliche Inselhüpfen. Diesem besonderen Reisespaß kommen die Schifffahrtsgesellschaften zwar weniger mit ihren Preisen, aber mit ihren Fahrplänen durchaus entgegen – wenn sie z. B. auf der Ostkykladen- und der Westkykladenroute jeweils mindestens vier Inseln anfahren oder die ostägäischen Inseln Ikaría, Sámos, Chíos und Lesbos auf einer Strecke zusammenfassen ... Eine andere Möglichkeit des Inselreisens wäre, sich ein Eiland als Hauptdomizil zu wählen und von dort aus im Rahmen des örtlichen Seeverkehrs die eine oder andere Nachbarinsel zu entdecken. Eine Paraderolle als Mittelpunkt nimmt Sýros mit der Hauptstadt Ermoúpolis ein, nach Piräus traditionell der bedeutendste griechische Ägäishafen (neuerdings scheint auch Naxos sich zum Knotenpunkt zu mausern). Dort kreuzt sich die Ostkykladen- mit der Dodekanes-, der Kreta- und der Ostägäis-Route. Und weil da manchmal im Halbstundentakt Schiffe ein- und auslaufen, eilen – das gibt es nur auf Sýros – gewitzte Fliegende Händler schnell an Bord und bieten die typischen Süßspezialitäten der Insel feil. Somit sind wir wieder bei den Ähnlichkeiten, denn gleiche Süßigkeiten gibt es zwischen Chíos und Naxos überall, ebenso wie man auf allen Kykladen Kichererbsen- und Kaperngerichte liebt.

In der Antike bildete Dèlos die geographische Mitte der Kykladen, die eben daher auch ihren Namen haben, weil sie sich um Dèlos herum zyklisch anordnen. Dem Mythos nach trieb das Eiland ruhelos durchs Meer und erhielt seinen festen Platz erst, als die Götterzwillinge Apollon und Artemis dort geboren wurden. Doch wer weiß, vielleicht erhob man Dèlos nur deshalb zur heiligen und auch politisch bedeutenden Stätte, weil sie fahrplanmäßig für alle so günstig lag. Ein touristischer Höhepunkt jedenfalls war und ist sie (mit Unterbrechungen, die wir hier als unwesentlich erachten wollen) seit jenen alten Zeiten bis heute geblieben.

Noch einmal: Keine Insel gleicht der anderen, heißt es. Aber das stimmt ja gar nicht. Die Kykladen z. B. sind fast alle grau, felsig und karg, haben viele Mäuerchen und viele Kirchlein, kleine grüne Täler, schneeweiße Würfelhäuser mit blauen Fensterläden und einen malerischen Hauptort, die Chóra. Das ist eine weitere Gemeinsamkeit: Jede Inselhauptstadt zwischen Amorgós und Samothráki heißt Chóra. Die Verwandtschaft zwischen den Ägäisinseln ist ja auch geologisch begründet, denn sie gehörten einst zu einer versunkenen eurasischen Landmasse, die sich zwischen dem Rhodopegebirge und Kreta in der Nord-Süd-Achse und dem Olymp und Bodrum in der Türkei in der West-Ost-Achse zusammenhängend ausdehnte. Sie sind mithin deren aus dem Meer aufragende, im Lauf von Äonen abgerundete ursprüngliche Bergspitzen. Ausnahmen bilden die erdgeschichtlich jüngeren aus vulkanischen Eruptionen entstandenen Inseln wie Mílos, Santorin und Níssyros, die tatsächlich ausgesprochene Insel-Individuen sind.

Auf einer meiner Inselreisen fuhr ich von Tínos nach Mýkonos. Im dortigen Hauptort, ebenfalls Chóra genannt, sind die Gassen noch malerischer als auf Tínos, mit Kirchlein wie aus Schlagsahne modelliert und romantischen Windmühlen in Serie ... Doch keine ruhige Idylle: Jede weiße Gasse eine Shopping-Meile, unter jedem blauen Balkongeländer ein Luxusgeschäft oder ein Café und zwischendrin unterwegs sämtliche tausende Passagiere der Kreuzfahrtschiffe ... Direkt nebenan dann: die Insel Délos, ganz und gar archäologische Stätte. Man darf es mir glauben: Jede Insel ist eine Welt!

Einladende Tische am Fischerhafen von Náoussa, Insel Paros

Nicht an jedem Bahnhof steht ein Parthenon!

Neulich fuhr ich von Athen nach Thessaloniki mit dem Zug. Mit dem IC Express. Er hält auf der etwa 570 Kilometer langen Strecke zweimal (in Lamía und Lárissa) und kommt nach vier Stunden und zehn Minuten am Ziel an. In diesem Express hätte ich mich, wenn ich nicht aus dem Fenster geguckt hätte, in Deutschland gewähnt: Ich glitt in einem stromlinienförmig eleganten Gefährt mit schicker, bequemer und äußerst reinlicher Ausstattung dahin. Die *Salónia* wurden etwa alle 20 Minuten durch eine Raumpflegerin von eventuellen Abfällen befreit, und ich genoss einen Filterkaffee, wie er in meiner ursprünglichen Heimat nicht besser hätte gekocht sein können.

Meine letzte Zugreise durch Griechenland liegt mehr als 30 Jahre zurück: Damals bin ich mit dem Hellas-Express von München nach Athen gereist, und der hielt auf griechischem Boden an jedem Bahnhof und brauchte mindestens das Doppelte, vielleicht auch das Dreifache, an Zeit.

Allen Ankündigungen zuwider hatte damals, 1978, jener Zug in Salzburg keinen Speisewagen erhalten, auch nicht in Graz, nicht in Maribor, Ljubljana, Zagreb, Belgrad oder Niš, sondern erst in Thessaloniki: Und dort widerfuhr mir nach 30-stündigem Darben ein unvergesslicher lukullischer Genuss: griechische *Mezedákia*. Und dieser Gaumenschmaus wurde in einer ebenso unvergesslichen Atmosphäre angeboten, zwischen Samtpolstersesseln, Brokatvorhängen, damastgedeckten Tischen und kristallenen Wandleuchten,

Peloponnesischer Bahnhof Athen, ein „Schlösschen", das leider stillgelegt wurde

Bahnsteig 1 auf dem Athener Hauptbahnhof: „Alle einsteigen bitte!“

serviert von Kellnern in gestreiften Westen. In diesem heute vergangenen Glanz fühlte ich mich wie eine Orientreisende im Privatsalon des Fin de Siècle.

1970 machte ich meine allererste Griechenlandreise, im Akropolis-Express, als Studentin, auf einer Seminar-Exkursion. Auch damals hielt der Zug unendlich viele Male, doch ich blickte nicht genervt auf die immergleiche Folge kleiner Bahnsteige in kleinen Bahnhöfen, sondern erwartungsvoll auf alles Neue, Andere, Griechische. Noch höre ich den leichten Spott unseres Archäologie-Professors über unser angestrengtes Hinaussehen: „Ja, da muss ich Sie enttäuschen, in Hellas steht nicht an jedem Bahnhof ein Parthenon.“ Aber damals wie heute sah ich vom Zug aus z. B. den Olymp und die Thermopylen – es wurde aus hehren Begriffen Wirklichkeit. Die Thermopylen erblickt man auf der Zugstrecke von landeinwärts her, von wilden felsigen Höhen aus, an deren Abgründen auch der Expresszug nur langsam vorbeifährt. Dort verlief vielleicht auch jener von Ephialtes verratene Bergpfad, auf dem sich die Perser 480 v. Chr. den am Engpass lauernden Spartanern unter Leonidas von der anderen als der erwarteten Seite her näherten und ihnen in den Rücken fielen. Seine 300 Getreuen leisteten mutig Widerstand, fielen dann aber der Übermacht zum Opfer.

Zurück zu dieser meiner jüngsten Thessaloniki-Reise: Die Landschaften Böotiens, Thessaliens und schließlich Makedoniens, die vor den Panoramafenstern mit Hügeln und Senken, hohen Bergen und weiten Ebenen und schließlich mit dem Meer und den breiten Unterläufen mündender Flüsse vorbeizogen, waren trotz des schon vorgerückten Sommers besonders grün, und das Meer dehnte sich in jener Bläue, die Ferien verheißt. Eine solche Fahrt durch das griechische Festland kann ich nur empfehlen, zumal am jeweiligen Ende (oder Anfang) der Strecke zwei faszinierende, in Charakter und Atmosphäre unterschiedliche Großstädte warten.

In Athen fährt der Zug von heute in eine europäische Großstadt ein – keine Schotterstraßen, keine kleinen bunten Häuser mehr am Stadtrand, keine Hühner mehr auf den Schienen wie einst ... Aber der Bahnhof, der kleine altmodische Stathmós Laríssis, ist immer noch derselbe und wirkt wie ein Provinzbahnhof, jedoch aus der Zeit, wo Bahnhöfe Schlösschen glichen.

Ta Ekklisákia – Die Kirchlein

Ikonenhäuschen nenne ich sie für mich, denn neben einem Öllämpchen und Räucherwerk enthalten sie vor allem die von Silberblech umrahmten Nachdrucke gängiger Ikonen. *Ekklisákia*, Kirchlein, heißen sie in Griechenland, weil sie meist richtige kleine Bauten sind, mit Giebeldach, Tonnengewölbe oder Kuppel gedeckt und von einem Kreuz gekrönt: eine nationale Form sakraler Kleinarchitektur, die öffentlich und allerorten zur ganz persönlichen Andacht anregt. Kein Widerspruch: öffentlich und persönlich zugleich. Es gibt sie in unendlicher Schar am Straßenrand, jeder fährt an ihnen vorüber, mancher hält an, einzelne schlagen ihr Kreuz, küssen die Ikone. Doch die abends die Lichtlein anzünden, die sieht man nie ...

Ekklisákia stehen, oft windschief, mit abblätternder Farbe und Rostspuren recht ruinös, doch unvermindert malerisch, an atemberaubend schönen Plätzen. Zwischen rotem Mohn vor Olivenhainen, über dem Abgrund vor dem Panoramablick, an der Einfahrt winkliger Bergdörfer, an Mauer umfassten Quellen im Kastanienhain.

Wer mit aufmerksamen Augen seine Umgebung betrachtet, findet eine besondere Art alter *Ekklisákia* auch noch in Athen. Anders als auf dem Land sind sie nicht zu öffnen und nicht für das Anzünden von Öllichtern vorgesehen, sondern tragen - bereits sehr verblasste - Heiligenbilder auf ihren meist durch kleine Arkadenbögen verzierten vier Seiten: Sie erinnern in ihrer Gestalt an antike Grabstelen.

Ein Ekklisáki in der Nähe von Neméa

Vielmals ragen die *Ekklisákia* aber auch, meist in Form der standardisierten blauen Blechhäuschen, Mahnmalen gleich, an Unfallstätten auf, wo ein Mensch zu Tode kam. Dann sind es meist die Angehörigen, die sie aufgestellt haben und pflegen. Da weiß ich bei Tripolis eine gefährliche Serpentinenstrecke, wo die sakralen Häuschen in erschreckender Häufigkeit warnend die Kurven der Abfahrt säumen. Seltener ist der Fall, wo der Stifter mit dem Schrecken davonkam …

In manchen Gegenden der Peloponnes erreichen die *Ekklisákia* Kapellengöße und sind betretbar, anderswo sind sie sichtlich liebevoll selbstgemauert, oft aber stammen sie aus industriell gefertigter Serienproduktion – verglaste Blechkästchen mit Dächlein und Giebelkreuzchen und dann griechischblau angestrichen und von Kunstblumen umrankt. Klosterauffahrten und wichtige Straßenkreuzungen markieren mitunter in buntester Polychromie bemalte Miniaturkathedralen oder -klösterchen, die den gewaltigen, konchenreichen Kreuzkuppelkirchen im byzantinischen Stil exakt nachgebildet sind.

Sowie die Dämmerung hereinbricht, schimmert aus fast allen *Ekklisákia* ein Licht, das drinnen, hinter Glas, auf geweihtem Öl als Nachtflämmchen schwimmt und gleich dem Licht der orthodoxen österlichen Botschaft jedem, der noch in Dunkelheit über Land fährt, tröstlich zublinkt. Warum man nie jemanden des Abends sieht, der sie anzündet? Weil das Lichtlein, unsichtbar in der Helligkeit, auch am Tage in seinem Ölbett glimmt …

… und noch ein Ekklisáki, das schon viele Jahre überdauert hat.

Sprechende Stühle

In meiner Sammlung von Fotos aus Griechenland gibt es ein Bild vom Athener Omónia-Platz. Hauptmotiv darauf ist nicht der immense Verkehr und auch nicht die klassizistische oder moderne Bebauung, sondern – ein Stuhl. Autos, Menschen, Fassaden und mitten drin ein Holzstuhl mit einem geflochtenen Sitz aus Binsen. Dies war meine erste bewusste Begegnung mit dem griechischen Stuhl. Früher oder später fällt er jedem auf, der aus dem Ausland nach Hellas kommt. Nicht nur, weil man ihn an utopischen Orten finden kann – wer würde denn am Hauptplatz einer europäischen Millionenmetropole einen einzelnen Stuhl erwarten? – sondern weil er eine eminent sprechende Aussagekraft hat und, wo immer er ist, hält, was er verspricht: Entspannung, Zu-Sich-Selbst-Kommen auch in belebter Umgebung und, wenn man sie will, Geselligkeit. Was das Tischleindeckdich im Märchen, ist der griechische Stuhl im Alltag – ein Wunschstuhl, mit dem man sich selbst belohnen kann …

Dieses Besondere macht ihn auch zu einem Motiv für touristische Werbung: das Land, in dem die Götter Urlaub machen und der Stuhl, von dem sie den Blick aufs Meer und den Oúzo genießen. Unzählige antike Vasenbilder und Reliefs zeigen, dass der Stuhl schon im Altertum am Schnittpunkt privater und öffentlicher Kommunikation das wichtigste Möbelstück bildete: Auf den schön gedrechselten antiken Stühlen sitzen der Flötenspieler und die Stickerin, Männer bei der Ölprobe und Kampfrichter bei Wettspielen – sowie die olympischen Götter beim Eintreffen des Festzugs am Parthenon.

Den Stuhl am Omónia-Platz hatte irgendein Kioskbesitzer an die Straßenkante gestellt, um während einer kleinen Geschäftspause dicht am Zentrum des städtischen Treibens doch auch für sich zu sein. Privatleben in Griechenland schließt den öffentlichen Raum nicht aus, und ob die griechischen Strohstühle in größerer Zahl in Tavernen oder paarweise im Tête-à-Tête mit Blechtischchen im Café auftreten, stets ist, auch wenn sie leer sind, ihr ganzer Ausdruck Einladung. Ein anderes Foto in meiner Sammlung passt hier hin: Zwei Stühle nebeneinander, leer, doch wie in trauter Zweisamkeit vor der Hauswand, stehen im Garten einer Taverne des Dörfchens Ágios Konstantinos bei Lávrion. Später werden auf ihnen zwei Musikanten Platz nehmen, der eine mit dem Bouzoúki, der andere mit der Klarinette oder der Gitarre …

Eigentlich, mit ihrer kleinen geflochtenen Sitzfläche und der harten hölzernen Rückenlehne, Inbegriffe der Unbequemlichkeit, zeugen sie doch ebenso von anhaltender Gemütlichkeit und sind Sinnbilder der Geselligkeit. Sie erzählen von langen Sommerabenden, von frohen Runden bei Wein und *Mezedákia*, von kurzfristigem stürmischem Verlassen der Sitze beim Aufbruch zum Tanz, aber auch vom müßigen Zuschauen der Betriebsamkeit anderer, immer aber von der besonderen Art griechischer Geselligkeit, der *Paréa*, für die sie geschaffen sind ... Meist sind diese Tavernenstühle, obwohl es sie in großer Zahl gibt, auch heutzutage immer noch liebevoll von Hand gefertigt. Im Athener Stadtteil Psyrrí, hinter dem byzantinischen Assómati-Kirchlein jenseits des Monastiráki-Platzes, reihen sich immer noch ein paar traditionelle Stuhl-Werkstätten aneinander.

Stück für Stück handwerklich gearbeitet, sind diese Stühle Individuen ihrer Gattung, und so kann ein einsamer Stuhl unter freiem Himmel einen Platz in der Öffentlichkeit signalisieren, der mein ist. Leer zurückgelassen scheint er immer noch von seinem abwesenden Besitzer zu künden und auf dessen Rückkehr zu warten und nicht auf den Nächstbesten wie der leider immer mehr verbreitete industriell gepresste Massensessel aus Plastik. Der Holzstuhl vielmehr hat und gibt Autorität, repräsentiert Eigentum, Würde und Bedeutung des Be-Sitzenden: mein Geschäft, mein Amt, mein Stuhl.

Blauer Stuhl vor grünem Tor

Taubenhäuser: Dekorative Türme zwischen Feldern und Weiden

Sie werden in den Reiseführern nur am Rande erwähnt, doch prägen sie die Landschaften der Kykladeninseln Ándros und Tínos entscheidend und setzen unverwechselbare architektonische Akzente: Taubenhäuser mit reichen Verzierungen bilden reizvolle ästhetische Kontraste zu den kargen Terrassenfeldern, den trockenen Dornenhecken, dem grauen Fels und den Ackerumfriedungen aus mörtellos geschichteten Steinen, die ansonsten das Landschaftsbild beider Inseln bestimmen. So als wolle der luxuriöse Aufwand der Architektur die Askese der Natur ausgleichen ... Als Luxus erscheint uns auch die Taubenzucht an sich, als müßige Liebhaberei und Zeitvertreib, Spiel mit possierlichen gefiederten Gefährten – wie will das passen zum Lebenskampf von nicht eben durch fruchtbaren Boden verwöhnten Bauern oder monatelang fernen Seefahrern, die gerade auf diesen beiden Inseln (und dem benachbarten Sýros) beheimatet sind? Auf Tínos insbesondere gibt es mehr als tausend Taubenhäuser, gleich eigenen Vogelsiedlungen streuen sie sich weithin über sonst unbebaute Hänge. Auf zehn Einwohner, hat ein Statistikfreund errechnet, kommt mindestens ein Taubenhaus. Etliche stehen leer, sind nur noch liebevoll erhaltene entvölkerte oder als landwirtschaftliche Lager zweckentfremdete architektonische Schmuckstücke, – viele andere aber sind immer noch von dem gurrenden, in flatternden Wolken ausschwärmenden Federvieh bewohnt.

Auf beiden Inseln hört man sie nicht gern, die wahrscheinliche Wahrheit: Dass es nämlich die Venezianer waren, die Taubenzucht und -hege importierten. Erinnern sich doch die Einwohner der Inseln, dass schon Eltern und Großeltern ihre Täubchen liebten und pflegten und die wiederum Gleiches von ihren eigenen Eltern und Großeltern erzählten ..., eine lange einheimische Tradition also. Doch das eine schließt das andere nicht aus. Die Venezianer besaßen die Insel Ándros von 1207 bis 1566 und Tínos sogar bis 1715 – letztere war länger von Venedig beherrscht als irgendein anderes Eiland im Ägäischen Meer. Tatsache ist, dass die Vogelliebe ebenso wie das Türmebauen durchaus italienische Leidenschaften sind. Andererseits betonen mit ihrer Geschichte vertraute Tinioten, dass sich erst nach dem Abzug der Venezianer im 18. Jahrhundert, als sich die Bewohner nicht mehr bei den ausländischen Großgrundbesitzern verdingen mussten, sondern eigenes Land bewirtschaften konnten, die Taubenhäuser explosionsartig vermehrt hätten. Und schließlich ist der geometrisch dominierte Dekorationsstil der Taubenhäuser durchaus einheimisch, und die große Liebe zur kunstvollen Bauornamentik beruht auf einer schon zwei Jahrtausende alten Steinmetztradition, denn Tínos hat seit je her Marmor vom Besten. Aus den schmucken weißen Dörfern der Insel stammt manch guter Bildhauer, – der bekannteste ist Jannoúlis Chalepás (1851-1938), dessen aus dem Klassizismus kommende Werke expressionistische Züge tragen. Aber auch einfache Steinmetzarbeiten werden bis heute nach Athen und in andere Regionen des griechischen Festlandes exportiert. Vielleicht brachten die Venezianer mit ihrem Taubenimport eine längst im Wesen der Inselbewohner schlummernde Vorliebe ans Licht – schon auf antiken griechischen Skulpturen und Reliefs sieht man die Taube, vor allem als Gefährtin von Kindern, oft abgebildet.

Auf Ándros und Tínos genießen Tauben ein vielleicht nicht immer langes, doch sicher schönes Vogelleben: Ihnen steht die gesamte Inselfläche für den freien Flug zur Verfügung, und oft wurden die stilvollen Behausungen absichtlich neben Kornfeldern und in

Wasser führenden Tälern errichtet – sie sind ja mehr über das weite Feld verteilt als in den Dörfern zu finden –, so dass es an Futter nicht mangelte. Die Tauben mussten auch nie als Briefboten arbeiten wie ihre Artgenossen anderswo in Europa. Manch eine von ihnen wurde jedoch als Schicksalsleserin ausgebildet und lernte, mit ihrem Schnabel aus kleinen Holzkästchen farbige Zettel mit verschiedenen Weissagungen herauszuziehen. Allerdings wurde vor allem das zarte Fleisch der Vögel geschätzt. Noch Anfang des vorigen Jahrhunderts exportierte man von Tínos das Geflügel als Spezialität, – insbesondere nach Smyrna. Des Weiteren benutzt man bis heute den Taubenkot als natürliches und angesichts der auf abschüssigen Feldern vom ewigen kykladischen Wind ausgelaugten Erde als wirkungsvolles Düngemittel: Das auf Tínos geerntete Tafelobst ist immer auf Taubenmist gewachsen.

Die schönen Behausungen der Vögel erheben sich stets zweigeschossig auf quadratischem oder rechteckigem Grundriss, so dass sie turmartig wirken. Hin und wieder sind sie als „Doppelhäuser“ konzipiert und erscheinen als rechtwinklig gegen einander versetzte Würfel. Mitunter hat man auch die Dachregion eines Bauernhauses durch einen kunstvollen Aufsatz zum Taubenhaus ausgebaut. Innen haben die Vogelställe im Allgemeinen eine Holztreppe, die zu einer Falltür führt. Im Untergeschoss verwahrt der Bauer seine Geräte, oben sind steinerne Nestunterlagen angelegt. Die Ein- und Ausflugscharten liegen dicht unter den Flachdächern, deren terrassenähnlich in den offenen Raum ragende Kanten die wichtigsten Zonen für den Bauschmuck bilden. Dekorative Türmchen betonen häufig die Ecken, und aus dünnen Schieferplatten gebaute „Flechtwerke“ bilden als Hauptmotive breite Schmuckbordüren mit immer wiederkehrenden, oft auch aus Marmor gebildeten Motiven wie etwa Sonnen und Zypressenbäumchen, Rautenbänder oder Rhombengitter. Die gestalterische Phantasie im Einzelnen ist dabei so groß, dass letztlich kein Taubenhaus dem anderen gleicht. Auf Ándros ist der Schmuck grundsätzlich schlichter und stammt aus Ziegeln oder dem für die örtlichen Ackereinfriedungen typischen farbigen Feldstein, was den Taubentürmen dort einen eigenen Charakter sichert.

Charakteristischer Taubenturm auf der Insel Tínos

Der Koloss von Rhodos

Zu den Sieben Weltwundern zählte der Koloss von Rhodos, der in der Antike fast 60 Jahre lang die Hafeneinfahrt der Insel schmückte. Was ist eigentlich aus diesem legendären Standbild geworden, mögen sich manche Rhodos-Reisende schon gefragt haben und nicht nur diese … Es handelte sich um eine Statue des Schutzgottes der Insel, des Sonnengottes Helios, der mit seinem feurigen Pferdegespann von frühmorgens bis abends den Sonnenball über die Himmelsgefilde zog. Der Dichter Pindar erzählt, dass dereinst, als die olympischen Götter den Erdball unter sich aufteilten, Helios gerade über den Himmel fuhr und so vergessen wurde. Zeus, der gerechte Göttervater, wollte nach Helios' Rückkehr eine Neuaufteilung der Welt vornehmen, aber gerade in diesem Augenblick tauchte Rhodos, die schönste Insel unter der griechischen Sonne, aus dem Meer empor, und Helios wollte kein anderes Land als dieses. Nach einem anderen Mythos war Rhodos eine Nymphe, eine aus dem Meer geborene Tochter des Poseidon oder der Aphrodite. Helios verliebte sich unsterblich in sie und zeugte mit ihr sieben Söhne und eine Tochter. Wie dem auch sei, der Sonnengott wurde der Schutzherr der Insel, und was wäre denn Rhodos heute ohne Sonne?

Die Statue im Hafen der Inselhauptstadt gehört nicht in den Bereich der Mythologie, es gab sie wirklich. Sie stand allerdings nicht mit gespreizten Beinen über der Hafeneinfahrt, wie sie oft abgebildet wird, sondern fungierte in der Nähe des Hafens als Pharos und trug ein Leuchtfeuer, das aus einer bronzenen Fackel in der Rechten des Standbildes flackerte. Das Bildnis war 37 Meter hoch, besaß mit großer Wahrscheinlichkeit ein inneres Gerüst aus Eisen und Stein bzw. Mauerwerk und eine Ummantelung aus Bronze. Chares von Lindos, ein Schüler des großen Lysipp, der in der zweiten Hälfte des 4. Jahrhunderts v. Chr. nach Rhodos kam und dort eine Bildhauerschule gründete, schuf den Koloss um das Jahr 284 v. Chr. Die Statue war aus Dankbarkeit errichtet worden, weil eine Belagerung der Stadt durch den hellenistischen Eroberer Demetrios Poliorketes, was Städtebelagerer bedeutet, fehlgeschlagen war. Er hatte bei seinem Abzug seine Belagerungsapparate liegen lassen, und aus deren Erlös wurde das Standbild des Helios finanziert. Im Jahr 225 stürzte es bei einem Erdbeben um. Danach sollen die Trümmer noch 800 Jahre am Hafen von Rhodos herumgelegen haben und schließlich von sarazenischen Seeräubern an jüdische Kaufleute verkauft worden sein. Die sollen die Bronzeteile dann auf 900 Kamelen zum Einschmelzen fortgebracht haben.

Um die Mitte der 1990er Jahre sorgten große, scheinbar behauene Steinbrocken, die im Meer bei Rhodos gefunden worden waren, für Aufregung: Hatte man Teile des Kolosses geborgen? Noch nachdem die Archäologen bereits abgewinkt hatten, ging die Sensationsmeldung durch die europäische Sommerpresse – und Griechenlands Sonneninsel war in aller Munde.

Auf Rhodos in Zeiten der Wirtschaftskrise

Déspina P. lehnt sich über den Tresen und lässt sich vertrauensvoll auf ein längeres Gespräch ein, als sie merkt, dass ich Griechisch spreche. Zwischendurch bedient sie die Espressomaschine, schäumt zischend Milch für Capuccino-Häubchen auf, gießt Gin über Zitronenscheiben und parliert Englisch mit den Hotelgästen, die sich zu dieser Cocktailstunde in allerdings spärlicher Dichte um die Pool-Bar scharen.

Merkt man auf dieser Ferien- und Sonneninsel, dieser Touristenhochburg Rhodos, die „Krise" oder findet sie hier – so frage ich hoffnungsvoll und doch skeptisch zugleich – vielleicht gar nicht statt? Denn innerhalb von nur vier Tagen hatte ich bereits selbst eine unheilschwangere Veränderung feststellen können: Das gut besuchte Hotel mit dem zu den Mahlzeiten dicht besetzten Restaurant – manche Gäste mussten warten, bis sie einen freien Tisch fanden – hatte sich vorgestern schlagartig geleert und noch nicht wieder gefüllt: Mehrere Reisegruppen waren abgereist, neue kaum eingetroffen ... Zufall?

„Ich habe jedenfalls Sorge um meinen Arbeitsplatz", bekennt Déspina P. „Für diesen Sommer wurde hier im Hotel vor allem ausländisches Personal eingestellt, die Leute kommen aus Polen, Rumänien, Bulgarien, sind viel billiger als wir Einheimische und schnell zu kündigen." In der Tat: Mit dem nett lächelnden Bediensteten, der mir den Koffer ins Zimmer getragen hatte, konnte ich mich kaum verständigen, mit Mühe ließ sich erfahren, dass er Slowake war.

Ein Bummel durch Rhodos-Stadt, diese wunderschöne, lebhafte, atmosphärereiche, von verschiedenen Kulturen geprägte Inselhauptstadt: ihre mächtigen Festungsmauern und -türme, die Windmühlenreihe am bunten Mandraki-Hafen, prachtvolle Gebäude aus der Zeit der Johanniter-Ritter, die einzigartige „Odós ton Ippotón", die Ritterstraße – ein geschlossenes Straßenbild aus Gotik und Renaissance –, die rosaweiße Suleiman-Moschee mit ihrem hoch aufragenden Minarett, blaue Tische unter Baumkronen ...

Ein Geschäft mit exquisiten Tüchern und Stoffen zog mich an, und wieder ergab sich aus dem Stegreif ein Gespräch über das alle beschäftigende Thema: Spüren Sie hier in der Stadt die Krise? – „In meinem Laden eigentlich nicht so sehr", informiert mich Anna S., „aber sonst schon". Wie meinte sie das? „Ja, zum Beispiel haben wir für unsere private Zukunft fest auf den Tourismus gesetzt, er war und ist ja auch immer noch in Rhodos etwas Selbstverständliches. So haben wir im Vertrauen auf die blühende Gastronomie unseren Sohn Koch lernen lassen. Nun ist er 20 Jahre alt, fertig ausgebildet, wenn auch noch nicht erfahren, aber er findet einfach keinen Job."

Auf der Suche nach der schönsten überwölbten Gasse für ein Foto verlasse ich die touristische Hauptachse, die Sokrátous-Straße, und biege in eine schmalere, ebenfalls dicht mit Läden bestückte Seitengasse ein. Eines der Magazine, hat man es betreten, öffnet sich weit in die Tiefe gleich einer Halle. Regale reihen sich endlos an- und übereinander, sind randvoll zugestellt mit Souvenirs und Kitsch von jeder Art, darunter aber auch manch verstecktes einheimisches Gerät wie Ölkännchen, Weinkrug und Ouzogläschen. „Antike" Figürchen vom Herakles mit der Keule bis zur Sokrates-Büste, Ikonennachbildungen, die aus bunten Bildern auf Holz geklebt sind und Komboloia … Petros A., der Besitzer, begleitet mich von Bord zu Bord, nimmt einzelne Gegenstände heraus und erklärt mir die Preisunterschiede: In jeder Hand hält er einen bocksfüßigen Satyr, der eine halbnackte Nymphe umarmt. Die eine Figurengruppe kostet 10 Euro, die andere 4 Euro – wie das? Erstere ist ein griechisches Fabrikat, die andere *Made in China*. Das geschnitzte Salatbesteck im Bord darunter – handgemacht griechisch: 12 Euro, aus China importiert nur 5 Euro. Dasselbe setzt sich fort bei den Textilien, kleinen Teppichen und bestickten Kissenbezügen. „Die Leute wollen und verlangen direkt Andenken *Made in China*, sie sind ja viel preiswerter“, sagt Petros. Dass der Handel mit Chinaware ganze Traditionsbetriebe griechischen Familienhandwerks zerstört hat … ein Achselzucken. Er, Petros, kann ja wirklich nichts für die Gesetze der Globalisierung.

„Kyrie Petro, geht denn das Geschäft weiter gut, auch jetzt in der Krise“? – „Krise?“ fragt er, „Welche Krise?“ Und er setzt hinzu: „Es gibt keine Krise, es gibt nur Dumme und Kluge“. Natürlich gehört Herr Petros zu den Klugen.

Rhodos: Klassiker für Reisende in der Ägäis

Der Ölbaum und seine Frucht

Fast überall in Griechenland, mit Ausnahme des Nordens und der Hochgebirge, beherrschen Olivenbaumkulturen Vegetation und Landschaft und bereichern deren unendliche Palette von Grüntönen. Das silbrige Schimmern ihrer schmalen und harten Blätter, flirrend, wenn der Wind hindurch streicht, steht oft ganz dicht neben dem dunklen Laub von Zitrusbäumen oder den smaragdgrünen Nadelbüscheln der Aleppo-Kiefern und Pinien. Oder es taucht zwischen den jahreszeitlich wechselnden Farbtupfern reifender Früchte, etwa nahe Pfirsich- oder Orangenplantagen und den eher

Olivenbäume: knorrig und mit langer Geschichte

vereinzelten Feigenbäumen, auf. Oft pflanzt der Bauer im Olivenhain auch Wein, und im Frühling bilden der rote Klatschmohn oder die weißen Sternchen der Kamille rund um die knorrigen Stämme dicke Teppiche. Wo Oliven wachsen, wird die Landschaft zum üppigen Garten, und noch auf dem kargsten Kykladeneiland oder in der steinigen Mani sind es, neben den wilden Feigen-, gerade die Olivenbäume, die dort sehr kleine, aber wohlschmeckende Früchte hervorbringen und dem felsgrauen Umland trotzig ihre grünende Lebenskraft entgegensetzen.

Landwirtschaftlich dominiert in Anbau und Ölherstellung Kreta mit zirka 30 Millionen Ölbäumen, es garantiert 30 Prozent der gesamtgriechischen Olivenölproduktion. Ihm folgt die Peloponnes mit 26 Prozent. Sowohl auf der kontinentalen Landmasse der Insel als auch auf der vielgliedrigen Halbinsel zeichnen sich die Landschaften jeweils durch große Abwechslung ihrer Geländeformationen aus. Im Stundentakt glaubt man sich in anderen Welten, reist von Ebenen auf Hochebenen, von Küstenregionen in Gebirge, findet Weiden, Wälder, wilde Schluchten und liebliche Talgründe – aber immer wiederkehrend gleich dem umgebenden blauen Meer silbrig-grün wogende Olivenbaumkronen – sei es in der kretischen Messára oder dem peloponnesischen Messenien ...

Unter den Inseln hat wohl Lesbos die größten Olivenkulturen. Hier findet man noch Ölmühlen und Seifenfabriken aus dem 18. Jahrhundert, als von der Inselhauptstadt Mytilíni aus die Pariser Parfum- und Kosmetikindustrie mit Ölessenzen beliefert wurde.

Olivenbäume erreichen ein biblisches Alter von mehreren hundert Jahren, ja es soll sogar tausendjährige Bäume geben. Da im Lauf der Zeit ihre Stämme austrocknen und Hohlräume bilden, wirken sie je älter desto knorriger und bizarrer, und jeder einzelne greise Baum hat seinen eigenen Charakter, begegnet uns als ein Individuum ... In ihren besten Jahren, von 60 bis hundert, tragen die genügsamen, vom Wind befruchteten Bäume jährlich bis zu 60 Kilogramm Oliven. Ihre ersten Früchte setzen junge Bäume mit sechs bis acht Jahren an. Während der Fruchtreifung zwischen Sommer und Winter halten sie Temperaturen zwischen zwölf und 40 Grad und langen Trockenzeiten stand und gedeihen in Meeresnähe ebenso wie bis über 500 Meter Höhe – nur Nebel mögen sie überhaupt nicht.

Ihre Früchte und das Öl, das sich aus ihnen gewinnen lässt, bilden seit Urzeiten eine Grundlage der Ernährung, so unentbehrlich, dass sie als gottgesegnet galten und gelten.

Ähnlich wie beim Wein spielen Anbaugebiet, Sorte und Jahrgang bei der Ölproduktion, aber auch bei den in Salzlake oder Essig eingelegten Früchten eine große Rolle. Denn nicht jede Olivensorte wird zu Öl verarbeitet, und die besten Tafeloliven kommen aus der Gegend von Kalamáta in der Südwestpeloponnes. Deshalb tragen sie die Bezeichnung *Kalamón*. In anderen Gebieten, zum Beispiel auf der Insel Thássos, werden die eingesalzenen Früchte in Körben luftgetrocknet, sie schrumpfen dann und werden runzlig, haben aber ein besonders kräftiges, würziges Aroma. Die für den Verzehr bestimmten Oliven wurden immer schon vorsichtig abgepflückt, während man mit den für die Ölproduktion bestimmten sorgloser umging. Das hat sich geändert: Nun werden sie nach der Ernte so schnell und schonend wie möglich zur Ölmühle gebracht. Die seit der Antike überlieferte Angewohnheit, die Oliven ganzer Haine mit Stöcken abzuschlagen, bevor man die Oliven in prallen Säcken zur Mühle brachte, wurde aufgegeben zugunsten der Verwendung von Spezialgeräten, die die Früchte nicht verletzen und auf weit ausgebreitete Netze fallen lassen sowie eines luftigen Transports kleinerer Mengen. In den mit modernen Maschinen ausgestatteten Ölmühlen der Gemeinden und Kooperativen werden die Oliven samt Kernen zu Brei gemahlen, der dann auf Filtern in dünnen Lagen gestapelt und mit zunehmendem Druck gepresst wird. Zentrifugalkraft trennt das Öl vom Wasser. Wichtig für die Qualität ist außer der Anzahl der Pressvorgänge – der erste erzeugt das beste, das jungfräuliche, native Öl – auch der Zeitpunkt des Ölpressens: dann, wenn die Frucht bereits den höchsten Ölgehalt erreicht hat, aber noch fest und haltbar ist, also kurz vor der eigentlichen Vollreife.

Die Oliven bilden auch eine wichtige Speise der im orthodoxen Kirchenjahr und Festtagskalender so wichtigen Fastenzeiten. In der Karwoche, der *Megáli Evdomáda*, ebenso wie an anderen, den hohen Feiertagen vorausgehenden Bußtagen gehören reife Oliven schon zum Frühstück. Und man erzählt sich, dass es mit Hilfe der Oliven gelinge, das ganz strenge Fasten, wenn auch das Öl verboten ist, die strengen Speisevorschriften auszutricksen (und dies soll sogar in Klöstern Brauch sein): Langes Kochen von Oliven (übrigens auch von Nüssen) produziere, so heißt es, in Suppen und Soßen einen öligen Saft, der in Substanz und Geschmack dem eigentlichen Öl sehr nahe komme, aber eben doch kein wirkliches Öl und damit erlaubt sei!

Die Olive in Antike und Religion

Auf den Inseln Santorin und Níssyros fand man versteinerte Olivenblätter von Bäumen, die vor mehr als 50.000 Jahren wuchsen. Es gibt Indizien dafür, dass sie möglicherweise bereits vom Menschen kultiviert waren. Für die erste Phase der Bronzezeit im 3. Jahrtausend v. Chr. ist auf Kreta die Ölproduktion belegt, die systematische Anpflanzung und Pflege der Bäume war da jedenfalls schon längst selbstverständlich. In den mittel- und spätminoischen Palästen (19.-15. Jahrhundert v. Chr.) stieß man in großen Vorrats-Tongefäßen, den Píthoi, auf Rückstände von reinem Öl, Tafeloliven (Kerne) und Würzölen (Petersilien-, Rosmarin- und Salbeiöl) sowie Öllampen, und in einem chtonischen, das heißt unterirdischen Fruchtbarkeits-Gottheiten geweihten Schacht im minoischen Palast von Zákros war ein Gefäß mit Opferoliven erhalten, die dazu bestimmt waren, jenes Erdbeben zu besänftigen, das dann um 1450 v. Chr. das Ende der minoischen Kultur einleitete. Forscher gehen davon aus, dass es der Olivenanbau war, der den Kretern in der Bronzezeit den finanziellen Rückhalt für ihre Vorherrschaft über das Ägäische Meer gab.

In der späteren Antike häufen sich schriftliche Quellen über die Bedeutung des Ölbaums. Homer erwähnt Möbelfertigung aus Olivenholz, und dem Mythos nach war Herakles' Keule daraus geschnitzt. Die Geschichte vom Wettstreit Poseidons und Athenas um die göttliche Herrschaft über Athen endete bekanntlich mit dem Sieg Athenas, deren Ölbaum den Menschen nützlicher war als der Salzquell des Meeresgottes. Auch der Göttervater Zeus selbst und Apollon galten als himmlische Hüter der Ölfrucht. Historisch bewiesen ist, dass beim Erechtheion auf der Akropolis ein heiliger Ölbaum stand und im Hain des Heros Akádemos, dem Ort der späteren Platonischen Akademie, eine Olivenbaumpflanzung gepflegt wurde, die der Athena geweiht war und deren Öl die Preisamphoren für die Sieger der Panathenäischen Spiele füllte. Den heiligen Ölbaum am Erechtheion sollen 480 v. Chr. die Perser abgefackelt haben, und als der verbrannte Stamm wieder ausschlug, feierten die Athener das als Wunder. Doch diese Erfahrung kann man durchaus auch heute machen: Olivenhaine überleben Feuersbrünste, während Nadelbäume, einmal in Flammen gestanden, unrettbar verloren sind. Das Fällen von Olivenbäumen war in der Antike gesetzlich verboten, man trachtete jedoch im Krieg danach, gegnerische Pflanzungen zu zerstören. Auch die Römer erließen zahlreiche politische Verordnungen zur Regelung von Ölproduktion und -verkauf. Auf der Römischen Agora von Athen ist ein entsprechendes Dekret Kaiser Hadrians in einem Pfeiler des Markttors eingraviert.

Das Olivenöl war während der ganzen Antike und schon in der Prähistorie nicht nur ein unabdingbares Grundnahrungsmittel, sondern wurde auch zur Beleuchtung, bei der Wundheilung und zu kosmetischen Zwecken genutzt und diente u. a. als Heilmittel gegen Nervenkrankheiten. Schon in den bronzezeitlichen Kulturen Griechenlands, besonders auf Kreta und Santorin, aus deren Wandmalereien wir anmutig geschmückte und geschminkte Frauen kennen, hat man Olivenöl als Basis für aromatische Substanzen und Parfums benutzt. Durch Linear-B-Tontäfelchen aus dem Umkreis des mykenischen Nestor-Palastes in der Südpeloponnes sind uns Parfumhersteller aus dem 13. Jahrhundert v. Chr. sogar namentlich bekannt.

Die Zweige der Olivenbäume wurden ähnlich wie Eichenlaub und Lorbeer als Siegeszeichen bei großen Wettkämpfen verwendet. In Olympia bekränzte man die siegreichen Athleten mit einem Kranz aus Zweigen der Wilden Olive, wie sie dort noch heute am Alpheios-Fluss wächst: Sie ist das Symbol für die Olympischen Spiele Athen 2004 geworden.

Auch für den antiken Totenkult war der Olivenbaum bedeutsam. So zeigt ihn der berühmte farbig bemalte minoische Sarkophag von Agía Triáda im Museum von Iráklion als Zentrum eines Begräbnisrituals. Aus archaischer Zeit überliefert sind mancherorts noch heute Bestattungen auf Olivenzweigen gebräuchlich. Der Kornanbau bezeichnet in der griechischen Mythologie die Entwicklung des Menschen vom Nomadendasein zur Sesshaftigkeit und damit den Beginn der Kultur – davon erzählt der Demeter-Mythos von Eleusis, wo die Kornähre als göttliches Geschenk definiert wird. Ganz ähnlich verhält es sich mit der Olive. Da es zu deren optimaler Nutzung bestimmter Gerätschaften bedarf, sieht man in der Herstellung von Öl den Anfang der technologischen

Mitten im Olivenhain: Festungsbauten aus klassischer Zeit in Pórto Germenó

Entwicklung. Steinerne Ölmühlen, erhalten von der kretisch-minoischen Epoche bis ins abendländische Mittelalter, sowie die technische Fortentwicklung der Apparaturen bis in unsere Zeit legen davon Zeugnis ab.

Seine Heiligung und sein zeremonieller Gebrauch verbinden den Olivenbaum der Antike mit seiner Würdigung im Christentum. Im Garten Gethsemane – der Name bedeutet auf hebräisch Ölkelter – am Fuß des Ölbergs von Jerusalem durchwachte Christus die Nacht vor seiner Gefangennahme im Gebet, barg sein Gesicht an den Baumstämmen und netzte sie mit seinen Tränen, daher – so erzählt die Legende – ist der Ölbaum von Gott gesegnet. In Griechenland schmückt man am Palmsonntag die Kirchen nicht immer mit Palmwedeln, sondern in manchen Gegenden mit Olivenzweigen. Auf Kreta wiederum steckte man frische Triebe in Gräber von Einsiedlermönchen: Wenn sie Wurzeln schlugen, wusste man gewiss, dass der betreffende Eremit ein Heiliger war. Vor den Ágios-Nikólaos-Kirchlein, die fast jede schiffbare griechische Bucht und jeden Hafen zieren, wird am Nikolaustag noch heute Öl auf die Wogen gegossen, um das Meer zu beruhigen.

Ölbaum vor einer orthodoxen Kirche

Backhäuser als Küchenhilfe

Es war in einem Bergdorf auf der Insel Thássos. Auf natursteingepflasterten Wegen mit Stegen, auf denen immer noch das Maultier Tritt fasst und nicht das Auto, durchwanderten wir die Siedlung, die noch frühmorgendliche Stille hielt. Obwohl die Luft kühl war nach der Nacht, duftete es nach hochsommerlich durchsonnten Pinienwäldern und – nach frischem Brot. Der Duft erfüllte das Dorf so vollkommen und allseits, dass keine Richtung auszumachen war, und wir mussten fragen und suchen, bis wir den *Foúrnaris*, den Bäcker, endlich fanden und unser ersehntes brennend heißes Brot aufbrechen konnten, um sein dampfendes weißes Inneres in der Bergluft auskühlen zu lassen.

So einen *Foúrnos* – ein Wort, das Backofen und Bäckerei zugleich meint und den gewaltigen, raumbeherrschenden Ofen, heute eine moderne Apparatur, geradezu bildhaft heraufbeschwört – kann man natürlich überall von Weitem riechen: in einer Athener Nachbarschaft ebenso wie auf dem Dorf. Doch in ländlicher Gegend ist der lockende Geruch ausschließlich und unvermischt und macht bewusst, dass das Backhaus, wie das Wort *Foúrnos* vielleicht am treffendsten zu übersetzen wäre, ebenso wie das Kafeníon und die Kirche ein lebenswichtiges Zentrum der Gemeinde darstellt. Brot isst man in Griechenland zu jeder Mahlzeit. Und an Festtagen gibt es Spezialbrote, wie die flache *Lagána*, ein ungesäuerter Fastenfladen, oder das *Christópsomo*, das anisgewürzte Weihnachtsbrot, die vom *Foúrnaris* Spezialkenntnisse fordern. So ist das offizielle Wort für Bäckerei *Artopoieíon*, was so etwas wie Brotmanufaktur bedeutet und ganz klar zum Ausdruck bringt, dass das Brot im Mittelpunkt der Backkunst steht und nicht die *Kouloúria* (Kringel) oder *Paximádia* (Zwiebacke) und wie die traditionsreichen Trockengebäcke alle heißen, die der Bäcker produziert.

Doch wenn der Tourist noch vor einigen Jahren über dem Ladeneingang die Worte *Germanikó Artopoieíon* (Deutsche Bäckerei) las und freudig deutsches Schwarzbrot begehrte, wurde er enttäuscht: Die deutsche Brotfabrikation bezog sich lediglich auf die modernen Backmaschinen und Öfen *Made in Germany*, auf deren Besitz der *Foúrnaris* stolz hinzuweisen pflegte. Inzwischen sind fast alle *Foúrni* mit modernen Maschinen ausgestattet, und immer mehr Bäckereien verwenden mittlerweile mehr Roggen- als Weizenmehl – dass dunkles, kerniges Brot gesünder ist als Weißbrot, hat sich inzwischen auch in Griechenland herumgesprochen. Eigentlich kehren die Bäcker auf dem Lande, wenn sie nun wieder dunkle Teige anrühren, zu einer uralten, während der jahrzehntelangen Weißbrotwelle nach dem Krieg vergessenen Tradition zurück. Reines Weißbrot wird bezeichnenderweise Psomí Polytelías – Luxusbrot genannt, und sein Jahrzehnte beherrschender ausschließlicher Genuss galt mithin als ein Zeichen von Wohlstand und Geschmack.

Aber Vorsicht beim Schwarzbrot-Kauf: Ein Brotlaib aus echtem Schrot und Korn muss schwer in der Hand wiegen, wird er jedoch zu leicht befunden, dann könnte weißes Mehl mit Lebensmittelfarbe gedunkelt worden sein …

Der Feigenbaum

Der Feigenbaum, den ich liebe, steht auf den Bergen von Achaia in einem ummauerten Hof. Er hat gewaltige Ausmaße und trägt zweimal im Jahr, im Juni und im September, essbare Früchte, ohne dass man zuvor auch nur den Ansatz von Blüten sieht. Vielmehr entfalten sich im Frühling die Früchte gleichzeitig mit den Blättern. Sonnenreflexe zwischen dem Geäst bringen die Blätter zum Leuchten und die anfangs grünen Feigen, die sich langsam dunkel und bläulich färben, zum Glänzen. Goldkäfer, die den Saft der stark zuckerhaltigen Früchte lieben, blitzen umher wie fliegende Smaragde, der ganze Baum summt und duftet – ein Bild der Kraft des werdenden Sommers ...

Kräftige Feigenbaumblätter spielen im Licht der Sonne

Man soll nicht unter ihm schlafen, heißt es, denn sein Aroma schwitze sich in gefährlich betäubenden Dünsten aus. Doch der weiße Saft der unreifen Früchte helfe bei Hautkrankheiten, getrocknet kurieren Feigen Verdauungsstörungen, und mit dem biegsamen Holz formte man in der Antike Reifen, Girlanden und sogar Theatersitze.

Botanisch scheint mir der Baum rätselhaft: In wildem Zustand, buschig über Felsen wuchernd, ist er männlich, trägt männliche Blüten, aber niemals Früchte. Als Kulturpflanze mit versteckten weiblichen Blüten ist er weiblich und bringt die Feigenkinder in Parthenokarpie, also jungfräulicher Befruchtung, auf die Welt. So gibt sich dieser Baum des Paradieses, mit dessen gelappten Blättern Adam und Eva nach dem Sündenfall ihre Blöße bedeckten, ganz unschuldig, während der böse Apfelbaum offen verlockend den Bienen seine Blüten hinbreitet. Warum aber hängt man, so der Wortlaut meines botanischen Lexikons, „Zweige der Wildfeigen mit männlichen Blüten in die Kulturen"? Und welche Rolle spielt die winzige Feigenwespe, Blastophaga grossorum, die als „bestäubendes Insekt" zwischen dem männlichen und dem weiblichen Baum Kontakte vermittelt?

Die Vorstellung, dass da zwei liebende Bäume heterogenen Geschlechts, fest verwurzelt, nie zueinander fänden, wäre aber auch zu traurig!

Von Eseln und Maultieren

Der Esel gehört zu den typischen Attributen griechischer Landschaften. Man assoziiert ihn mit Griechenland wie die Schafherden, die weißen Kykladenhäuser, die Olivenhaine oder die mit Bast bezogenen Stühle um den runden Blechtisch. Die griechische Sprache hat dem Grautier drei Geschlechter zugebilligt: *o gaídaros*, *i gaídara* – Esel und Eselin, und unübersetzbar das Neutrum: *to gaidoúri*, womit nicht etwa das geschlechtslose Maultier, eine bergtüchtige Kreuzung von Pferd und Esel, gemeint ist, sondern vielleicht ein Ausdruck gefunden wurde für die uralte Nutzung seiner weitgehend bedürfnislosen Existenz durch den Menschen, gleich einem Gebrauchsgegenstand.

Immer seltener aber, so scheint es mir, bekommt man die als ebenso geduldig wie störrisch charakterisierten, unermüdlichen Last- und Reittiere zu sehen.

Man muss auf die autofreie Insel Hydra oder in alte steil angelegte Inselhauptstädte, etwa die Chóra von Kéa, reisen, um eine genaue Vorstellung davon zu erhalten, wie der Mensch in Griechenland, und zwar vom antiken Hellas bis zu ländlichen griechischen Gebieten noch des 21. Jahrhunderts, sich die Dienste von Eseln, Maultieren und Pferden zu eigen machte:

Warten auf Touristen: Maultiere auf der Insel Santorin

Dort, wo kein Autoverkehr erlaubt ist, wo auch gar nicht die Straßen für motorisierte Fortbewegung gegeben sind, sondern wie seit eh und je Treppen und schmale Stufenwege zu den Häusern führen, sind die Reit- und Lasttiere immer noch unentbehrliche Begleiter der Menschen. An der Fähre aus Piräus und kleinen Frachtschiffen bürdet man ihnen im Hafen von Hydra Lebensmittel, Baumaterialien und alle nur denkbaren Bedarfsartikel auf, welche die kleine felsige Insel nur zur See erreichen können, und schwankend hoch beladen, tragen sie alle Gegenstände brav an ihre Bestimmungsorte: Häuser, Geschäfte, Baustellen, Tavernen, kleine Hotels …

Ein mir unvergesslicher Anblick: Vor dem Amtsgebäude des Telefondienstes von Hydra sah ich etliche Maultiere und Pferde geparkt wie anderswo die Autos. Sie warteten in langer Reihe, an Bäume, Zäune und Laternenpfähle gebunden, geduldig auf ihren Reiter, ihre Reiterin, die drinnen ihre Telefonrechnungen beglichen, so, wie die Bewohner von Hydra überhaupt all ihre Besorgungen, mögen sie auch noch so modern anmuten, vom Rücken der Tiere aus erledigen.

Anderswo sind diese Zeiten jedoch längst vorbei ... Auch in dieser Hinsicht bleibt mir eine Begegnung in Erinnerung. Es war auf der Insel Lesbos: Mit seinem Motorrad, einer schweren, blitzenden Maschine, zog ein junger Bauer einen Anhänger, auf dem gegürtet und gesattelt sein Esel stand. Abgesehen von der Paradoxie des Anblicks, wie sie so nur in Griechenland vorkommt, erschien mir die Szene wie ein Symbol ...

Fuhr man noch vor gar nicht so vielen Jahren über Land, so traf man Esel und Maultiere in und um jedes Dorf. Mal standen sie mit gesenktem Kopf, fix und fertig gesattelt, ergeben auf ihren unsichtbaren Reiter wartend, im Schatten eines Maulbeerbaumes. Mal trabten sie hochbeladen mit Reisig und Holz flink die Landstraße entlang, mal pressten sie sich mit ihrem Reiter schmal und scheu an eine weiße Straßenmauer, um in enger Kurve das Auto vorbeizulassen, mal folgten ihm und seiner kopftuchbedeckten Reiterin zwei oder drei angebundene Ziegen, ein bellender Hirtenhund ... Und manchmal – unglaubliches touristisches Glück fürs Ferienfoto – saß sogar mit wehendem Bart und Soutane ein orthodoxer Priester obenauf. Wo sind sie alle?

Landwirtschaftliche Jeeps, glänzende Pritschenwagen, hochrädrig mit protzend großen Ladeflächen, kleine kraftvolle Traktoren, die auch auf schmalen Wegen und Berghängen wendig sind, scheinen sie immer mehr zu verdrängen. Jenes Motorrad war sicherlich unterwegs zu einem ganz steilen Feld, wo einzig noch ein Esel sicheren Tritt fassen kann – der Fahrer kombinierte offensichtlich den Nutzen technischer Geschwindigkeit mit dem Nutzen bewährter Sicherheit. Zeigt sich hier eine Möglichkeit, Griechenland den Esel zu erhalten? Denn wenn seine beharrliche Fähigkeit, gleichzeitig zu klettern und zu tragen, tatsächlich wenigstens manchmal unsere ausgeklügelte Technologie in den Schatten stellen könnte, dann müsste der griechische Esel nicht zur Folklore verkommen, die dort beginnt, wo er den des Steigens unlustigen Urlauber schaukelnd auf die Burg von Líndos trägt.

Maultier mit Reiter auf der Insel Kýthnos

Steine und Mauern

Wie Sand am Meer gibt es Steine in Griechenland. Sie füllen Strände, Äcker und Wege, trockene Flussbetten und Waldböden. Als Felsblöcke, Monolithe, Kies oder Geröll, in mannigfachen Farben und oft wundervollen Strukturen bilden sie Zeugnisse der einheimischen Erdgeschichte – seien es märchenhafte Tropfsteingebilde in ungezählten Höhlen, schwarze Lavakiesel an den Küsten um längst verloschene Vulkane, etwa auf Chíos, oder gar versteinerte Baumstämme urzeitlicher Wälder wie auf Lesbos. Wie alle herausragenden Gegenstände der Natur haben auch sie ihren Platz in der Mythologie: Den *Omphalós*, den Nabel der Erde, symbolisierte ein heiliger Stein, der in Delphi aufbewahrt wird; der Göttervater Kronos, der seine Kinder verschlang, um ihrer Machtergreifung vorzubeugen, wurde durch einen windelumwickelten Stein um den neugeborenen Zeus betrogen; und Sisyphos, den sagenhaften Gründer von Korinth, straften die Götter, indem sie ihn einen riesigen Stein bergauf rollen ließen, der ihm ewig wieder entglitt ...

Steine sind die Plagen des Landmanns, der zwischen ihnen allenfalls Zwiebeln pflanzen und Ziegen weiden kann. Sie waren der Fluch der Halbinsel Mani, wo die Menschen sich der Piraterie zuwandten, weil die verkrüppelten Feigen- und Olivenbäume sie nicht ernährten.

Gott, so erzählt man auf diesem kargen Landstrich der Südpeloponnes, hatte nach der Erschaffung der Welt einen gewaltigen Sack Steine übrig und ihn gerade über der Mani ausgeleert. Mit diesen bauten sie dann Türme, von denen aus sie sich in endlosen Vendetten bekriegten ... Oft aber sammelten Menschen die Steine willkürlich bunt zusammen, um daraus die Mauern farbiger Kirchlein zu errichten.

Paros: Gebäude auf klassischen Grundsteinen

Anderswo, auf felsigen Inseln mit baumlosen Hängen, konnten Steine jedoch auch in der Natur zum Segen werden. Sie trotzen der Erosion und geben den wenigen fruchtbaren Erdschollen Halt vor Winden und Winterregen. Seit frühester Zeit stützt der Mensch mit diesen Feldsteinen Terrassen, um seine Anbauflächen zu vergrößern, und fügt Mauern, um sein Saatgut zu schützen oder kostbares Regenwasser aufzufangen. Solche Bänder liebevoll geschichteter Mäuerchen, über Strecken hin weiß gekalkt, um schädlichen Insekten die Tarnung zu verwehren, prägen ganze Landschaften, Ándros oder Sífnos zum Beispiel. Sie sind sich immer gleichgeblieben, seien sie erst gestern gefügt oder schon vor Jahrhunderten ...

Roh aufeinandergehäuft bilden lose Steingefüge die Behausungen der Sommernomaden auf kretischen Hochebenen. Dieser mörtellose Trockenfugenbau wurde an den Ummauerungen herrschaftlicher Anwesen zu Kunstwerken entwickelt. Überall wo mit einheimischen Steinen gebaut wurde, entstand ein jeweils einzigartiger bodenständiger Baustil: Vollendete Beispiele bilden die grauen Steindörfer des Zagória-Gebiets im Píndos, wo von den Pflasterköpfen und Regenfugen der Straßen bis zu den Dachfirsten immer dasselbe Gestein herrscht. Anderswo wurden und werden aus den schwarz-grau-weißen Kieselsteinen von Stränden phantasiereiche Pflasterungen mit Bildmotiven geschaffen, die Chochlákia oder Votsalotá, die besonders auf Rhodos, aber auch auf vielen anderen Inseln die Böden offener Hallen, Vorplätze und Höfe schmücken.

Und wer auf den Wegen durch die einzigartige Hügellandschaft um die Akropolis von Athen spazieren geht, dort wo ein gestalteter Naturpark mit einheimischen Pflanzen und Bäumen und dazwischen den Rudimenten antiker Mauern und Bauten die Illusion weckt, die Atmosphäre des griechischen Altertums habe sich erhalten, der wird auch immer wieder staunend nach unten schauen auf den steinernen Boden, wo sein Schritt Halt findet: Aus Kanten und Splittern verschiedener Natursteine, Marmor und allerlei farbigem Schichtgestein, die sich auch zu Bildmotiven, Sonnen, Kreisen, Rauten ... gruppieren können, sind die Wege in schöpferischer Handarbeit zu begehbaren Reliefs geworden, – Stein für Stein. Wer aber glaubt, hier hätten anonyme Handwerker die volkstümliche Phantasie spielen lassen, täuscht sich: Es handelt sich um eine der eigenwilligsten Schöpfungen neugriechischer Architektur, um ein Werk des bedeutenden Traditionalisten Dimítris Pikiónis.

To Chorió mou – Mein Dorf

Jahrelang hatten wir kein Dorf. Wir konnten nicht mitreden und standen sprachlos daneben, wenn andere Athener freudig ihre Wochenend- und Ferienpläne austauschten und, sich als Verwandte im Geiste erkennend, einander verständnisinnig zunickten, sobald der Schlüsselsatz fiel: „Tha páo sto chorió mou - ich fahre in mein Dorf". Das ist gleichbedeutend mit „Ich fahre heim". Mit all dem runden, beglückenden Inhalt, den das Wort daheim enthält: Heimat, Geborgenheit, Ursprünglichkeit, Familie, Losgelöstsein von Verpflichtungen, da wieder ankommen, wo man eigentlich hingehört.

Denn als sie nach Athen zogen, die hunderttausenden Provinz- und Inselbewohner, die während der Jahrzehnte dauernden Landfluchtwellen des vergangenen Jahrhunderts eine bessere Zukunft in der Hauptstadt suchten, ließen sie mit ihren Häusern und ihren Alten alle ihre Wurzeln zurück, rissen sich aber nicht endgültig los von daheim ... Sie arbeiteten, bauten sich neue, größere Häuser oder kauften sich Eigentumswohnungen in Athen, schickten ihre Kinder dort in schnell überfüllte Staats- oder teure Privatschulen, arrangierten sich mit dem städtischen Dasein, transportierten teilweise ihr dörfliches Milieu in die Urbanität, was den Charme so mancher Athener *Platía* ausmacht, und - scheuten weder Reisestress noch Auto-

Unser Dorf auf der Peloponnes

Und hier ein Dorf, das langsam größer wird …

stau, um jedes verlängerte Wochenende, jeden Feiertag in ihr Dorf zurückzukehren. Diese Fluktuation dauerte mindestens drei Generationen.

Auch die in Athen Geborenen und Aufgewachsenen leben sozusagen zwei Leben: eines für Pflicht, Schule und Beruf – und eines fürs eigentliche Leben, das hauptsächlich im Sommer stattfindet, to kalokäri, was der ursprünglichen Sprachbedeutung nach nicht nur *Schönes Wetter*, sondern auch *Schöne Zeit* meint. Das heißt nicht, dass sie in Athen nicht zu leben verstünden! (Nicht zu leben wissen, wäre gänzlich ungriechisch.) Aber es bedeutet, dass sich im Sommer einer nach dem anderen für eine Zeitlang in sein Dorf verzieht: Zuerst die nicht berufstätigen Familienmitglieder – das sind die oft zwecks Hütung des Nachwuchses ebenfalls in die Großstadt übersiedelten Großeltern, die Kinder und z. T. die Mütter, wenn sie nicht berufstätig sind, während die Väter oder beide Eltern, solange sie noch keinen Urlaub haben, Wochenende für Wochenende hin- und herreisen. So entleert sich das hektische Athen in Wellen, und auch die sonst einsamsten Dörfer füllen sich. Ihre hell erleuchteten, vom flutenden Geräusch der Gespräche und dem Duft der Holzkohlengrills erfüllten Plätze, Gassen, Kafenía, Tavernen und Strandpromenaden wimmeln allabendlich von flanierenden, sich begegnenden und sich wiederfindenden Menschen.

Und wir? Wir haben ein Wochenendhaus erworben. Natürlich in einem Dorf. Nun sind wir jeden Freitag unterwegs nach Hause. Und gehören dazu.

Das Pantopolíon – kein Tante-Emma-Laden

Pantopolíon bedeutet *Allesverkauf*. Auf dem Lande und besonders in abgelegenen Gegenden sind diese malerisch vollgepfropften, von vielerlei würzigen Düften erfüllten Gemischtwarenläden immer noch zu finden, in städtischer Umgebung sind sie jedoch fast ganz ausgestorben und vom Phänomenen Super-Market verdrängt. Dabei geht es hier keineswegs nur um eine Frage der Benennung oder Ausstattung: Der Unterschied zwischen einem *Pantopolíon* und einem Supermarkt erschöpft sich nicht in der flotter klingenden internationalen Bezeichnung oder in modernen Regalwänden, sondern ist fundamental. Das *Pantopolíon* ist eine durch und durch andere und durch und durch griechische Institution.

Zunächst einmal gibt es im *Pantopolíon* keine Selbstbedienung, auch wenn es durchaus erlaubt ist, Tomaten, Zwiebeln oder Äpfel selbst auszuwählen und sich die gewünschten Waren zusammenzustellen. Das *Pantopolíon* hat einen einzigen großen und vollgepackten Tresen, auf dem man alles ablegen kann und hinter dem ein oder zwei freundliche, oft schon ältere Menschen meist männlichen Geschlechts, hin und wieder auch ein Ehepaar oder Vater und Kind, die Kunden, die sich eher als Gäste fühlen dürfen, aufmerksam bedienen. Im *Pantopolíon* wird jedes Stück Schafskäse, jedes Viertel Salami vom Kaufmann noch eigenhändig und sorgfältig in Ölpapier eingewickelt, werden Nägel abgezählt oder gewogen, wird über die Qua-

Typisches Pantopolíon auf der Insel Kýthira, dem eine Taverne angeschlossen ist.

Pantopolíon in der Hauptstadt

lität von Binderstricken gefachsimpelt, wird von den verschiedenen Olivensorten, dem örtlichen *Tsípouro*, dem Tresterschnaps also, oder dem Wein vor dem Abfüllen erst gekostet. Grundnahrungsmittel wie Zucker, Mehl und Nudeln, Konserven und Unentbehrliches von der Seife bis zur gehobenen Kosmetik sind Markenware genau wie im Großstadtsupermarkt. Doch Reis, ob lang- oder rundkörnig, gelblich oder weiß, Bohnen und Linsen schaufelt der *Pantopólis* aus aufgerollten Säcken in Papiertüten oder durchsichtige Plastiksäckchen. Die sich auf dem Boden drängenden Jutesäcke, Fässer und Blechkanister unterscheiden das *Pantopolíon* auch wesentlich von einem deutschen Tante-Emma-Laden.

To káti állo aber, das völlig Andere und original Griechische zeigt sich dann, wenn das *Pantopolion* ein paar Tischchen für Kartenspieler, Durchreisende und Müßiggänger bereit hält und mithin ein *Kafepantopolíon* (Kaffee-Allesverkauf), ein *Oinopantopolíon* (Weinausschank-Allesverkauf) oder gar ein *Kafeoinomezedopantopolíon* (Kafee-Wein-Häppchen-Allesverkauf) ist! Dann bildet es nicht nur die ländliche Entsprechung zu einer Delikatessenbar, sondern fungiert auch als Nachrichtenstudio, denn dort steht selbstverständlich ein Fernseher, und kein Besucher hält sich mit Neuigkeiten zurück. Oft ist im *Pantopolíon* immer noch die dörfliche „OTE"-(Fernmelde-) Zentrale untergebracht, in Form des weit und breit einzigen öffentlichen Telefons und eines Blocks Telegrammformulare in der Ladenkasse. Das ist natürlich im Zeitalter des Mobiltelefons überflüssig, und so geht wieder ein Stück Tradition verloren …

Rückreise vom Wochenende

Wir verließen unser Ferienhaus frühmorgens noch bei dunklem Himmel, um in die neue Woche, nach Athen, zu starten. Auf der Abfahrt hinab zum Korinthischen Golf wurden wir zu Zeugen der zauberischen unentschiedenen Zuständlichkeit zwischen Nacht und Tag, wo die Zeit stillzustehen scheint … Noch war die Sonne nicht aufgegangen, noch kündete sich kaum ein heller Streif im Osten an, und doch lag die spiegelglatte Fläche des Meeres schon in einem fahlen unbewegten Licht, ein dumpfes Grau, das sich bald silbrig färben würde, und jenseits zeichneten sich deutlich die viel dunkleren, merkwürdig weichen Silhouetten des Parnassós ab. Dazwischen einzelne Lichter, auch sie bewegungslos, als gehörten sie zur Natur. Das näher rückende Band der Nationalstraße unter uns, auf dem die Lichter keineswegs still standen, zerstörte die Illusion. Auch war das Zwielicht schon hell genug, um manch wilde Müllkippe am Abhang sichtbar zu machen. Die Auswirkungen menschlichen Treibens hatten wir also schnell eingeholt – oder holten sie uns ein? Diese ständige Ambivalenz zwischen bewegender Naturschönheit und störenden Zivilisationselementen sollte uns nun begleiten: Sie kennzeichnet Griechenland.

Die Nationalstraße Patras-Korinth zieht sich an einer traumhaften Küste entlang: Links dehnen sich Orangen- und Zitronenhaine bis ans Meer, rechts ragen zerklüftete Felsen auf, zwischen ihnen grüne Täler … Diese Straße gilt als Todesstraße Griechenlands: Der gesamte Verkehr von der Hafenstadt Patras – der einzigen Fährverbindung nach Europa – in die Hauptstadt läuft hier durch, hunderte von Lastwagen mit schweren Anhängern aus den Schiffen von Italien. Die Straße ist von einer Autobahn weit entfernt, zweispurig mit breiten Seitenstreifen, wo die langsamen Fahrzeuge an den Rand gedrängt werden, kurvenreich, dort hat man riesige grellgelbe Warnschilder aufgestellt mit Wortlauten wie: „Achtung Lebensgefahr, auf den folgenden zwei Kilometern passieren tödliche Unfälle!“ Inzwischen hat zwar der Ausbau zur Autobahn begonnen, doch die Baustellen, die sich an langen Strecken etabliert haben, machen die Straße noch gefährlicher.

Auf unserer Fahrt haben sich die Farben der Natur langsam verändert: Der Himmel über dem Horizont und das Wasser darunter haben sich tiefrosa gefärbt, zwischen den Wolkenknäueln öffnen sich goldene Spalten, vom Licht der Sonne durchdrungen, die wir noch nicht sehen. Als sich rechter Hand der steile Kegelberg erhebt, das Wahrzeichen des Küstenstädtchens Xylókastro, schiebt sich links der Straße ihr Feuerball endlich aus dem Meer. Der Berg ist mächtig, steil und spitz, doch er ist beschädigt: Auf ihm ragt ein Wald von Antennen auf, und das kleine, auf Gipfeln in Griechenland typische Profítis-Ilías-Kirchlein kann das Auge kaum mehr finden.

Der nächste beeindruckende Berg auf unserem Weg ist das gewaltige Felsmassiv Akrokorinth. Der Kranz der Burgmauern, die sich um sein Gipfelplateau ziehen, hat hier die Antennen verhindert. Glücklicherweise beginnt nun die große sechsspurige Autobahn, die uns den gefährlichen Gegenverkehr erspart – bis nach Athen. Sie führt uns zunächst über den Isthmos, die schmale Landenge von Korinth, die die Peloponnes wie ein Faden ans Festland bindet, und ab jetzt liegt das Meer rechts von uns: Der Saronische Golf hat den von Korinth abgelöst. Die neue Fahrbahnführung verhindert den Einblick in den berühmten tiefen Schiffskanal; will man ihn finden, muss man rechtzeitig auf die alte Nationalstraße abbiegen ...

Ein Vorhang sanfter Wolken verhüllt nun die schnell aufgestiegene Sonne, das Meer dehnt sich in Silber, bis Himmel und Wasser sich im Dunstschleier vereinen. Wir fahren hoch darüber hinweg, eng an den Felshang schmiegt sich die Autobahn an der Kakiá Skála, der Schlechten Steige, wo dereinst die schlimmsten Räuber lauerten. Die Aussicht ist traumhaft: Kleine Inselchen wölben sich aus dem Wasser, und dazwischen ankern Schiffe. Sie liegen vor den Industrieanlagen von Eleusis und dem Hafen von Piräus auf Reede, d. h. sie haben zurzeit keine Aufträge. Zwischen ihnen bewegt sich ein schwer beladener Öltanker zur nahen Raffinerie, ein schönes, sehr langes, sehr schmales Schiff: Es sieht so zerbrechlich aus ...

Heimreise über die Nationalstraße von Korinth nach Athen ...

... mit Blick auf den Saronischen Golf

Tageszeiten – Apó to proï os to vrády

Der Tag hat in Griechenland zwar auch 24 Stunden, doch der Tagesablauf ist vom mitteleuropäischen in mancherlei Hinsicht völlig verschieden. Es scheint auch, als würden diese Stunden in Hellas intensiver genutzt, zum Arbeiten wie zur Muße. Griechische Männer, die im Allgemeinen ihre Pflichten als Familienväter und Hauptversorger auf ganz altmodische Art sehr ernst nehmen oder deren Einkommen nicht ausreicht, üben oft nach Feierabend noch eine Zweittätigkeit aus. In der Stadt nutzen sie ihre beruflichen Kenntnisse nachmittags privat, und auf dem Land arbeitet mancher Bauer nebenher noch handwerklich oder auf dem Bau bzw. mancher Berufstätige hat auch einen Olivenhain oder ein Bohnenfeld zu versorgen. Statistisch gesehen sind die Griechen das Volk, das in Europa die meisten Wochenstunden arbeitet. So beginnt der Tag entsprechend früh. Bei aller Aktualität interessiert uns hier nicht die Frage, ob für die Einkünfte aus der Zweittätigkeit auch brav die Steuern entrichtet werden!

Morgens um sieben ist der Verkehr in Athen schon ausgesprochen dicht, bilden sich die ersten Staus, zumal unzählige Schulbusse in die Privatschulen unterwegs sind ebenso wie auch Taxis, die immer noch preisgünstig sind und nicht als Luxus gelten. Dem Frühstück wird keine Bedeutung beigemessen, obligatorisch ist für Kinder und viele Erwachsene *to gála* - die Milch, und der kleine Kaffee kommt erst später, in der ersten Arbeitspause. *To mesiméri* - die Mitte des Tages, der Mittag also - hat indes eine große Bedeutung. An ihm werden auch offiziell die Stunden des Tages gemessen: Vor *mesiméri* und nach *mesiméri* sind feste Begriffe, die aus keiner offiziellen Terminangabe vom Fernsehprogramm über das Vorlesungsverzeichnis bis zur beruflichen Besprechung wegzudenken sind. *To mesiméri* bedeutet auch: Die Hälfte ist geschafft. Wem immer sie beruflich möglich ist, wird jetzt Entspannung zugebilligt, die besonders im Sommer und an Wochenenden im Mittagsschlaf sich dartut. *To mesiméri* fällt übrigens keineswegs mit 12 Uhr mittags zusammen, sondern beginnt etwa um 13.30 Uhr und währt - nun je nachdem ... Das Mittagessen wird im Allgemeinen zwischen 14 und 14.30 Uhr serviert.

Es folgt, in jedem Fall nach 17 Uhr *to apójevma*, der Nachmittag, dessen wörtliche Bedeutung von der (Haupt-)Mahlzeit an ist. Der Nachmittag beginnt mit einem unerlässlichen Tässchen Kaffee, dem zweiten, höchstens dem dritten des Tages und einem Glas kühlen Wassers. Besuche am Nachmittag werden nicht vor 18 Uhr gemacht und empfangen. Wer noch zwischen 19 und 20 Uhr eingeladen ist, kann mit Kaffee und Süßigkeiten rechnen. Der Abend, *to vrády*, fängt nicht vor 21 Uhr an, auch wenn man sich direkt nach dem Mittagessen mit *Kalispéra* - Guten Abend - zu begrüßen pflegt. Der Nachmittag bedeutet, wie gesagt, noch lange nicht Feierabend, sondern meist den zweiten Arbeitsabschnitt: Läden und Praxen öffnen nach 18 Uhr, Kinder streben zum Sprach- oder Nachhilfeunterricht in die entsprechenden Institute, die Frontistíria, und berufliche Termine um diese Zeit sind eine Selbstverständlichkeit, ebenso Telefonanrufe bis Mitternacht. Einladungen zum Abendessen sind selten vor 21.30 Uhr angesetzt, und zu dieser Zeit erst füllen sich langsam auch die Tavernen. *I nýchta*, die Nacht, beginnt weit nach 22 Uhr und die Nachtruhe erst viel, viel später...

Vier Jahreszeiten – Tésseris Epochés

Frühling, Sommer, Herbst und Winter in strenger Zäsur wie in Mitteleuropa kennt man in Griechenland eigentlich nur im Norden des Landes und in großen Höhen – oder aus dem Bilderbuch. Zwar gibt es harte Wintertage und natürlich die heißen Sommer, aber die Grenzen zwischen den vier Epochen verlaufen eher fließend, und die Zwischenjahreszeiten Frühling und Herbst sind kurz.

Ganz unberechenbar erscheint der hellenische Winter: Wer zwischen November und März innerhalb Griechenlands reist, braucht einen besonders großen Koffer: dünnere und dickere Pullover, leichte Jacke und warmen Anorak für laue und eisige Tage, Regenschutz und Reiseapotheke gegen Sonnenbrand und Erkältung. Im Winter blühen die Rosen vielerorts am schönsten, um Weihnachten herum kann man oft bei über 20 Grad spazieren gehen und mittags im Freien sitzen. Doch in den kleinen Inselhotels bibbert man, weil die Heizungen oft erst abends eingeschaltet werden, und in den Tavernen schart man sich um gusseiserne Öfen oder flackernde Kaminfeuer. Bis vor wenigen Jahren speisten die Damen wegen der zugigen Kälte, aber nicht nur deswegen, ostentativ mit dem Pelzmantel um die Schultern. Inzwischen gilt auch in Griechenland der Pelz nicht mehr unbedingt als Statussymbol.

Der scharfe Nordwind schlägt plötzlich zu und scheint bis auf die Knochen zu dringen, mag das Thermometer auch 12 Grad plus zeigen. Der Südwind hingegen bringt Regen, der bei Wintergewittern sturzbachartig niederströmt und innerhalb von Minuten Straßen zu Flüssen macht. Fast in jedem Winter gibt es jedenfalls in Athen katastrophenähnliche Regenschäden, weil ohne Rücksicht auf die natürlichen Geländebedingungen gebaut worden ist.

Irgendwann um das griechische Osterfest ist der Frühling dann plötzlich und wetterfest da: herrlich blütenreich, duftend, von sanftem Wind erfüllt und mit tiefblauem Himmel. Dies ist die schönste Zeit für Bildungsreisen und Wanderferien, – wenn die felsigen Böden sich in Teppiche aus winzigen bunten Blumen verwandelt haben und aus den Gärten die Zitronenblüten ihren unbeschreiblichen Duft verströmen. Der Frühling mündet dann aber schnell und übergangslos in den Sommer ein.

Für die nicht so temperaturverwöhnten Nordländler bietet das Meer spätestens Ende Mai genügend Wasserwärme, während sich die meisten Einheimischen, sofern sie nicht einem der unentwegten Winterschwimmvereine angehören, kaum vor Juni in die Fluten wagen. Sommer heißt auf Griechisch *Kalokäri*, und das bedeutet schöne Zeit und meint Zeit des schönen Wetters. Tatsächlich fällt auf dem Festland und auf den Ägäischen Inseln nun normalerweise bis in den Oktober kein Tropfen Regen. Der Sommer hat allerdings auch seine Tücken: In den Städten machen mehrtägige Hitzewellen den Aufenthalt oft unerträglich, Schnaken (Kounoúpia) und Moskitos (Sknípes) treiben in den Nächten ihr Unwesen. Unvergesslich bleiben indes die warmen Sommerabende in den Tavernen, der späte fröhliche Betrieb auf Straßen und Plätzen. Der im Winter eisige Nordwind wirkt im Sommer angenehm erfrischend, kann aber auf den Ägäischen Inseln auch als sehr störend empfunden werden. Er ist es auch, der jede kleine Glut zur Waldbrandkatastrophe entfachen kann. Ende des Sommers ist die griechische Erde braungebrannt wie die Menschen, doch kommt im Herbst der erste Regen, ergrünt sie schnell.

Bis etwa Mitte Oktober bedeutet Herbst in Griechenland einen zauberhaften Spätsommer mit Sonnenglanz und Fernsicht. Schwimmen im leicht abgekühlten und besonders klaren Wasser und erneut das Wandern gehören nun zu den schönsten Urlaubsfreuden. Die Witterung erlaubt sogar abends immer noch den Aufenthalt im Freien, wenn auch die Tage nun merklich kürzer sind und für die Einheimischen sichtbar der Alltag begonnen hat.

Winterstimmung am Strand von Legrená in der Nähe von Kap Soúnion

Sommerstimmung mit Getreidefeld

Der Granatapfel

Wie so oft in der griechischen Mythologie gibt es auch in Bezug auf die symbolträchtige Frucht des Granatapfels die eine und die andere Version oder Interpretation, so dass man sich seinen eigenen Teil dazu denken und also den Mythos erweitern darf ... Der Granatapfel, diese wunderschöne gelb- und rotwangige Frucht, deren ledrige Schale einen Schatz rubinroter Fruchtkerne einschließt, aber nicht hart genug ist, um nicht von der drängenden Fülle des Inhalts gesprengt zu werden, hat bis heute eine bedeutende Rolle in den althergebrachten griechischen Volkssitten. Er entwickelte sich zu einem der ausdrucksstärksten volkskundlichen Symbole, ob auf Sámos oder Skýros oder der Peloponnes, ob als Bestandteil der *Kóllyva* (der Süßspeise für die Totenmessen) oder als Glücksbringer bei Hochzeiten und vor allem auch zum Neujahrsfest. Die Literatur hat ihn vereinnahmt, und besonders für die darstellende Kunst lieferte er manches gewichtige Motiv. In gemalten oder skulpturierten Schmuckfriesen der Antike finden wir ihn in dekorativer Stilisierung ebenso wie auf Genregemälden des 19. Jahrhunderts bei Malern wie Nikólaos Gýzis oder Nikifóros Lýtras und oft auch auf den Holztafeln naiver Volkskunst.

Er gilt als Fruchtbarkeitssymbol, steht aber auch für Liebe: für Vereinigung sowie für Trennung und in diesem Fall für die Hoffnung auf das einander Wiederfinden. Erwartungen von Reichtum, Fülle, aber auch Macht und Wut verbinden sich mit ihm: „So wie der Granatapfel zerplatzt, sollen auch unsere Feinde platzen“, ist als böser Spruch von der Insel Sámos überliefert.

Ursprung all dieser Bedeutungen des Granatapfels ist die mythische Geschichte von der komplizierten Beziehung zwischen dem Gott der Unterwelt, Hades, und der Persephone, der Tochter der Erdmutter Demeter. Persephone war einst Blumen pflückend über die eleusinischen Gefilde gewandert, als Hades sie gewaltsam durch einen Erdspalt zu sich zog in sein dunkles Reich und zunächst gegen ihren Willen festhielt. Während Demeter auf der Suche nach ihrer Tochter wehklagend durch die Lande streifte, erstarb die gesamte Natur, und Elend und Hunger kamen über jegliche Kreatur, bis sich Zeus erbarmte und Hades aufforderte, Persephone in die Oberwelt zurückkehren zu lassen. Hades aber gab ihr die Kerne eines Granatapfels zu essen, welche die magische Kraft hatten, Persephone für vier Monate im Jahr zu ihm zurückzuführen ...

So wird der Granatapfel zum Symbol des einander Wiederfindens nach unüberwindlich scheinender Trennung, die sogar über das Sterben alles Irdischen hinwegreicht. Als solche Hoffnungsträger sind seine Fruchtkerne sowohl in antike als auch in christliche griechische Totenzeremonien eingegangen. Aus dem gleichen Grund aber ist vielerorts noch heute der Granatapfel auch ein segensreicher Bestandteil von Hochzeitsbräuchen: Bevor das Brautpaar, von der kirchlichen Feier kommend, das gemeinsame Haus betritt, wirft die Braut einen Granatapfel hinein, dass er zerbirst und Fruchtbarkeit und Fülle verbreite. Oder aber die Hochzeitsgesellschaft bricht die Frucht auf und bietet die Kerne den Brautleuten zu essen an.

Immer wenn Persephone bei Hades unter der Erde weilt, ist Winter, eine Zeit aber auch, in der die Erde wieder Kraft zum Aufblühen und für neue Befruchtung sammelt. Der Granatapfel mit seinen unzähligen Samenkernen, den Hades der Persephone gegeben hat, symbolisiert die Befruchtung der Felder, die Vereinigung des Samens mit der Tiefe der Erde … In seiner Eigenschaft als Gatte der Persephone trägt der Gott Hades auch den Namen Plouton (lateinisch: Pluto), der identisch mit dem auch noch im Neugriechischen verwendeten Wort *Ploútos* – Reichtum ist. Gemeint aber sind mit diesem Reichtum ursprünglich allein die Güter, die aus der Erde kommen, die Erträge von Ackerbau und Ernte …

In vielen Gegenden Griechenlands wird dem Saatgut, wenn es in Säcken verschlossen wird, ein Granatapfel beigelegt und bis zur Aussaat dort aufbewahrt. Schließlich wird er von den Bauersleuten zerstoßen und die Kerne werden zusammen mit dem Saatgut auf die Felder gestreut oder nach dem Säen unter Segenswünschen gemeinsam verzehrt.

Bei allen heutigen Bräuchen steht im Vordergrund als Hauptidee die Erwartung eines Überflusses an Gütern in ganz konkretem materiellem Sinn, aber auch eines Reichtums an Segen, – so üppig, vielfältig und freudig rot wie der Reichtum an Fruchtkernen, die der aufgebrochene Granatapfel offenbart. In der Neujahrsnacht ist es, etwa auf der Peloponnes, aber keineswegs nur dort, Brauch, einen Granatapfel mit Wucht auf die Türschwelle oder den Fußboden des Hauses zu schleudern, damit er zerplatzt und seine Kerne saftspritzend in alle Ecken rollen lässt …

Die schönsten Granatapfelbäume, die ich in Athen kenne, stehen am Abstieg von der Akropolis zur Antiken Agora, sie säumen dort den alten Panathenäenweg. Anfang Juni stehen sie in Blüte – leuchtend rote glockenförmige Kelche mit gelben Sternchen öffnen sich im dunklen Grün. Während des Sommers wachsen hellgrüne, quastentragende Äpfelchen heran, die sich bis zum Herbst groß, prall und gelbrot ausdehnen und, wenn sie dann nicht längst abgepflückt sind – denn hier spazieren Tausende von Touristen vorbei –, zwischen den Zweigen berstend ihr edelsteinfunkelndes Inneres preisgeben.

Granatäpfel aus eigener Ernte

Die Mimose

„Und hat ein Blümlein bracht mitten im tiefen Winter ..." In dieser Weise als ein Wunder zu besingen wäre in Griechenland nicht nur die Rose, die hierzulande tatsächlich noch an Weihnachten blüht, sondern auch die Mimose, die ihre gelben flaumigen Blütenbällchen gegen Ende Januar öffnet. In nördlicheren Breiten als Vorfrühlingsboten nur in Blumengeschäften zu bewundern, scheinen die Blüten des Mimosenbaums in den Straßen griechischer Städte und Dörfer mit der Wintersonne um die Wette zu leuchten. An allen Ecken und Enden sieht man sie dann in voller Pracht, ihr kräftiges Gelb gebunden an duftige, fein gefiederte Formen, im Winde wehend vor strahlend blauem Griechenlandhimmel oder das Trüb grauer Regentage durchlodernd. Mit dieser Farbe und ihrer Zartheit trotzt die Mimose dem Winter. Zu Unrecht, so scheint es, nennt man sie „empfindlich", nein, geradezu keck plustert sie sich den Launen und Unbilden des Wetters entgegen. Nur in der Vase siecht sie in Tagesfrist dahin, da schrumpfen ihre gelben Flaumbäuschlein schnell zu stumpfen, harten Kügelchen, trocknen auch ihre gefiederten Blätter, als krankten sie an Sehnsucht nach ihrem starken Baum ...

Mimosenbaum in voller Blüte

Als „empfindlich wie eine Mimose" bezeichnet man ja besonders sensible Menschen, die sich betroffen in sich selbst zurückziehen; als „schamhaft" deutet der Sprachbrockhaus das Adjektiv „mimosenhaft". Die Erklärung folgt sogleich, sie ist wissenschaftlich-botanischer Natur: Bei Berührung, so heißt es in fachbezogenen Nachschlagewerken, „klappe" die Pflanze spontan ihre Blätter ein. Sie „schnappt ein", im wahrsten Sinne des Wortes.

Schon im 18. Jahrhundert führte der französische Astronom Jean-Jaques d'Ortous die Mimose als Beispiel für eine innere Uhr bei Pflanzen an: Er hatte beobachtet, dass sich ihre Blättchen im 24-Stunden-Rhythmus auf- und zufalten. Dennoch konnte sie in der etwa gleichzeitig von dem schwedischen Naturwissenschaftler Carl von Linné angeregten Blumenuhr, einer im Kreis geordneten Rabatte, deren verschiedene Pflanzen durch solches Sich-Öffnen, -Schließen oder -Zusammenfalten bis auf eine halbe Stunde genau die Tageszeit angaben, als Baumgewächs keinen Platz finden. Mit ihren ausgreifenden Kronen und flaumigen Rispen würde sie auch gar nicht in die exakten Rondelle geschnörkelter französischer Ziergärten dieser Zeit gepasst haben. Ungekünstelt vielmehr und gänzlich unwissenschaftlich ahnend und hoffend kündet uns die Mimose mit sonnigem Leuchten den bevorstehenden Frühling an.

Die Sammelleidenschaft oder: Die Gaben der Natur

Von den unzähligen kleinen Pflanzen und grünen Kräutern, die das im Sommer austrocknende Land im Winter wieder hervorbringt, sind etliche essbar: die *Chórta*, verschiedene Löwenzahnarten die meisten, später im Frühling aber auch etwa die *Paparoúna*, die Blätter des Klatschmohns. Sie werden zur *Chortópitta*, zur Wildgemüsepastete, verarbeitet, während die anderen Pflänzchen zumeist in Salzwasser gekocht, mit Zitrone und Olivenöl gewürzt, als Salat bzw., weil noch warm genossen, als Wildgemüse und besonders gern zu Fischgerichten gereicht werden. Spätestens nach der Jahreswende sieht man auf Feldern und Höhen, in Weinbergen und Olivenhainen immer wieder Menschen, insbesondere Frauen, bewaffnet mit spitzem Küchenmesser und Plastiktüte – die sie schließlich prall gefüllt nach Haus tragen – halb gebückt und den Blick konstant auf den Boden geheftet, beim Sammeln des Grünzeugs, das zu dieser Vorfrühlingszeit auch zu hohen Haufen getürmt auf den Märkten angeboten wird.

Viele entwickeln eine wahre Leidenschaft für das Ausstechen der kleinen grünen Blattrosetten und versäumen es bei keinem Spaziergang, keinem Familienausflug, die erforderliche Ausrüstung mit sich zu führen. An bestimmten Tagen, die traditionsgemäß im Freien verbracht werden, wie dem *Katharà Deftéra*, dem Rosenmontag, oder dem 1. Mai, erscheint das Chórta-Suchen geradezu als ein Volksritual, – so viele beteiligen sich daran. Allerdings setzt der Mai dem Vergnügen dann auch das Ende: die Trockenzeit beginnt.

Chórta im Angebot des Gemüsehändlers

Zuvor allerdings blüht noch die Kamille, von der unzählige Bündel zum Trocknen nach Hause getragen werden, und deren würzige weißgelbe Blütenteppiche mit ihrem Aroma die ganze Luft erfüllen, ähnlich dem Bergtee, der wilden Minze und spät im Sommer dem Thymian und Oregano, deren unverwechselbare Düfte weder aus der griechischen Landschaft noch aus den Kochtöpfen und Grillpfannen wegzudenken sind.

Um die wohlschmeckendsten Pflänzchen wetteifern mit den Menschen freilich die Schafe, die, je näher der Sommer kommt, desto höher hinaufgetrieben werden. So kennen sich die Schäfer und insbesondere die Schäferinnen auch am besten aus mit den essbaren Schätzen der Natur, und wer einmal im Frühling bei Schäferleuten zu Gast war, der staunt, was sie zu sammeln wissen und welche vegetarischen Gaumenfreuden ihr Bauerntisch kennt: Außer den verschiedenen Chórta-Sorten die zarten grünen Sprossen des wilden Spargels und die rosaweißen Hyazinthenzwiebeln (Volví), nach denen sie tief graben müssen – alles Delikatessen der aufbrechenden Frühlingssaison, die zur gleichen Zeit in den Athener Feinkostläden teuer gehandelt werden. Ein begehrtes Sammelobjekt der Natur, das nicht aus dem Bereich der Flora stammt, ist die Schnecke, wobei nicht nur die dicken Weinbergschnecken, sondern auch die ordinären kleinen Sorten mit den geringelten Häuschen begehrt sind und, in zwiebelreicher Soße zubereitet, geradezu ein Nationalgericht bilden.

Bei Freunden in Deutschland, die am Waldrand wohnen, fand ich buchstäblich „vor der Haustür" üppigste Vorkommen verschiedener *Chórta* und wilder Minze – *Diósmos*, mit der man gefüllte Gemüse würzt, und machte meine Gastgeber darauf aufmerksam. „Aber du kannst doch nicht einfach sammeln, was du findest, da gibt es doch den Fuchsbandwurm* und, überhaupt, da brauchst du doch eine behördliche Sammelerlaubnis." Oh, armes Deutschland!

Radíkia, eine geschätzte Spezialität

* *(Wird durch Kochen vernichtet)*

Der Adventskranz oder grasgrüne Ostereier

Seit einigen Jahren kann es passieren, dass ich meinen Adventskranz nicht in den ersten Januartagen, spätestens mit *Epiphánia* (6. Januar), wegräume, sondern den ganzen Winter über als Zimmerschmuck im Wohnzimmer stehen lasse. Letztes Jahr überlebte mein Kranz sogar die gesamte Karnevalszeit, und damals, als ich es das erste Mal nicht übers Herz brachte, ihn wegzuwerfen oder ihn zu zerpflücken, die haltbaren Teile von den welken zu trennen, blieb er so lange auf dem Sofatischchen stehen, bis ich traditionsgemäß den Maikranz aus grünen Zweigen, Blumen und Blüten an die Eingangstür hängte: Das passte dann einfach nicht mehr zusammen. Der Winter war nun endgültig zu Ende und der Sommer da, – und diesen Moment symbolisieren Jahr für Jahr die Maikränze.

Auch dieser Sitte hat sich die Kommerzialisierung bemächtigt: Vor dem 1. Mai gibt es sie an allen Straßenecken zu kaufen – jedoch meist aus Plastik, die Blumen gummiartig glänzend im Kreis herum auf Styropor zusammengesteckt. Früher band jeder seinen Maikranz selbst und sammelte duftendes und frisches Zubehör aus Garten oder Feld: Flieder gehört hinein, weiße Callas und junge Rosen und die allgegenwärtigen gelben Margeriten, die von Mitte März an selbst in der Megastadt Athen alle Brachflächen vergolden. Mit der fast gleichzeitig einsetzenden sommerlichen Trockenzeit sind die Tage des Maikranzes gezählt. Früher verbrann-

Ein Maikranz: Der Sommer ist da!

te man ihn feierlich im Johannisfeuer, – eine eigentlich eher nördlich anmutende Mittsommer-Sitte.

Doch mein Adventskranz hält, wie gesagt, den ganzen langen Winter bis weit in das Frühjahr hinein, die Tannennadeln haften noch an den Zweigen, die sich dank des hiesigen Klimas zu einer Art Trockenpflanze entwickelt zu haben scheinen. Er ist mit Motiven geschmückt, die winterlich, aber nicht ausgesprochen weihnachtlich wirken – Eicheln und Walnüsse, griechische Pinien- und Zypressenzapfen, Granatäpfelchen und Schleifen … So hat bei seinem späten Anblick auch noch keiner an einen Aprilscherz gedacht. Vielmehr kommen unsere mit deutschen Sitten nicht vertrauten Gäste gar nicht auf die Idee, dass dieser unser Tischschmuck etwas mit Weihnachten zu tun haben könnte. Bis zum Heiligen Abend hat er uns seinen ursprünglichen Sinn erfüllt und die Erwartung der sich nähernden Ankunft des Christkindes mit seinem sich steigernden Kerzenschein begleitet, doch nach den Festtagen hat er, wenn man so will, seine Symbolik aufgegeben, um als bloße Dekoration weiterzuleben.

Solches gehört zu den Zeichen zunehmender kultureller Verschmelzung, die zwangsläufig mit einer Auswechselbarkeit und Veränderung traditioneller Sinngebung einhergeht. Das beginnt aber schon dort, wo der Adventskranz auch bei griechischen Käufern reißenden Absatz findet: auf den Weihnachtsbasaren der Deutschen Schulen von Athen und Thessaloniki.

Wer sich im fremden Land eine neue Heimat sucht, wird stets, zunächst für sich ganz persönlich, lieb gewordene Angewohnheiten und Sitten, mit denen er/sie aufgewachsen ist, mitbringen. Je größer die Gesellschaftsgruppe aus der alten Heimat, vorausgesetzt sie schottet sich nicht ab, desto mehr werden die typischen Dinge von zu Hause im Gastland bekannt werden, Verbreitung finden und sich schließlich mit einheimischen Elementen vermischen. Das geschieht ziemlich rasch auf gastronomischem Gebiet, und der europäische Markt mit seinem immer mehr vernetzten Handel tut das Übrige: Schon trinken die Griechen so gern wie ihren *Ellinikó* den deutschen Filterkaffee, während traditionelles *strangisméno Jaoúrti* in deutschen Supermärkten als griechischer Sahnejoghurt begehrt ist. Bei deutsch-griechischen Feiern konkurriert die Bratwurst siegreich mit den Souvlákia, und in Deutschland sind Gýros-Stände selbstverständliche Einrichtungen. Viele färben hierzulande die Ostereier nun nicht mehr nur rot, sondern auch grasgrün, lila und orange …

Aus anfänglichen Elementen einer Parallelkultur entwickelt sich das Gegenteil: Gegenseitiges Geben und Nehmen. Austausch war immer schon eine Triebkraft neuer kultureller Strömungen, – nur geht es heute einfach schneller.

Saisonbedingt – ein besonderer Jahresüberblick

Gerade war es noch ein Rohbau, dann glitzerte es dort in weihnachtlicher Pracht und schon lachen Fastnachtsmasken auf die Passanten herab: Leer stehende Parterreräume von abbruchreifen Alt- oder unfertigen Neubauten werden in Griechenlands Städten mit Vorliebe dazu benutzt, saisonbedingte Ware an den Mann bzw. die Frau zu bringen. Der Wechsel der Auslagen vollzieht sich fast von einem Tag auf den anderen, und in manchen Jahren, wenn Ostern früh liegt, geht er besonders rasant. In diesem Land, wo Klima und Natur die Jahreszeiten eher fließend erscheinen lassen, wo besonders im Winter ausgesprochen sommerliche Tage mit eisigen abwechseln und Blüten, Früchte und Schnee durchaus gleichzeitige Phänomene sein können, mag es eventuell ganz nützlich sein, wenn man an Warenangebot und Schaufensterdekoration erkennen kann, wo man sich eigentlich gerade befindet im Kalenderjahr. Gerade hingen noch weihnachtliche Lichterketten in den Bäumen und auch in meinem Wohnzimmer, so steht es mir jedenfalls vor Augen, prangte noch vor wenigen Tagen der Christbaum, und schon sehe ich staunend im Vorbeifahren gleich mehrere solche Parterreverkaufslagersortimente mit karnevalistischem Ulk an mir vorübergleiten.

Schulbedarf in einem Saisongeschäft im Monat September

In solchen provisorischen und periodischen Geschäften, die sporadisch auftauchen und wieder verschwinden, je nachdem was mit dem Gebäude passiert, das ihnen gerade eine Heimstatt bietet, kann man dann – und zwar meist im Billigangebot – buchstäblich alles erwerben, was für die jeweilige Saison gerade benötigt wird, um sie zünftig mitzufeiern. Zur Karnevalszeit also: Maskeraden von der Pappnase über Vampirzähne und Gorillamaske bis zum kompletten Kostüm, nicht zu vergessen die künstlichen Wimpern, Schminken und Perücken, die Federboas und Hexenhüte, sowie allerlei zweifelhafte Späße von der falschen Spinne bis zum Ekelbrei und ganze Raumdekorationen mit Konfettis, Lampions und Schmuckgirlanden.

Anschließend werden dann für eine kurze Woche bunte Papierdrachen mit Schweif und Schnur auftauchen, die Kinder (und vor allem ihre Väter) am *Kathará Deftéra*, dem Rosenmontag, steigen lassen. Über Nacht werden all diese Drolligkeiten schließlich wieder verschwunden sein, um den *Lambádes* Platz zu machen: Das sind die bunten Osterkerzen, die Kinder von ihren Paten erhalten. Sie hängen, dekoriert mit Bändern und kleinen Spielsachen reihenweise zwischen zahlreichem anderem österlichem Zubehör, das ein paar weitere schmale Wochen lang das Angebot der Saisongeschäfte beherrscht.

Was folgt, wenn mit Ostern der Frühling sich dem Ende neigt? Natürlich Taucherbrillen und Schnorchel, Schwimmtiere und Sonnenschirme, Strandmatten und Schlauchboote, Bade- und Reisetaschen! Ach, wäre sie doch nur schon wieder da, diese schönste der griechischen Jahreszeiten! Auch sie ist viel zu kurz, obwohl sie ein gutes Viertel des Jahres währt, aber Zeit ist nun mal mit subjektiven Maßstäben zu messen, und was man am längsten festhalten will, geht am schnellsten vorüber.

Und dann kommt – Sommerpause im August – nun, meist eine Zeitlang nichts, viele dieser saisonalen Geschäftsräume zeigen sich unverblümt als das, was sie eigentlich sind: Baustellen. Kurz vor dem Schulanfang füllen sie sich mit preiswerten Ranzen, Federmäppchen, Buntstiften und Schreibheften, und im Herbst präsentiert sich der eine oder andere dieser Läden vielleicht als Billigmarkt für alles Mögliche, wo man von der Haarbürste bis zur Kunstblume all das finden kann, was man entweder überhaupt nicht braucht oder schon ganz lange verzweifelt sucht.

Und wieder über Nacht, plötzlich und unversehens sind sie wieder da – die Lichterketten, Sterne und Glitzerkugeln der Weihnachtszeit. Und so schließt sich der Kreis, viel, viel zu schnell … Dank einer Branche, die aus dem griechischen Stadtleben nicht wegzudenken ist bzw. hier viel mehr auffällt als anderswo: *Ídi Epochís*, – saisonbedingte Waren.

Rund ums rote griechische Ei

Eier zu Ostern zu verschenken – das ist eine internationale wie auch eine griechische Sitte. Es ist eine bekannte Tatsache, dass die Hühner just im Frühling besonders eifrig zu legen beginnen. So gab es in Bauernhaushalten Eier im Überfluss, und was man übrig hat, verschenkt man lieber und leichter als das, woran es einem mangelt. Schon aus byzantinischen Zeiten sind Berichte überliefert, dass in Griechenland zu Ostern Eier verschenkt wurden, und zwar – genau umgekehrt wie heute – vom Kleineren an den Größeren bzw. Höheren, als einfache, kostengünstige Gaben, die jedoch den verwöhntesten Gaumen erfreuen konnten: Schüler schenkten sie Lehrern, Gläubige den Pfarrern und Patriarchen, Untertanen den adligen Herren … Diesen Ostergeschenken eine symbolische Bedeutung zu geben, war ein Leichtes: Ist doch das Ei die biologische Quelle neuen Lebens … Viel später bemächtigten sich die Zuckerbäcker und Konditoren des Eies, und griechische Kinder erhalten Jahr für Jahr von ihren Paten riesige Schokoladeneier.

Warum aber wurden in Griechenland die Eier ursprünglich ausschließlich und werden sie heute noch überwiegend rot gefärbt? (Doch ist auch hier eine Europäisierung eingetreten, woran ich mich persönlich nicht ganz unschuldig fühle, siehe unten!) Auch dieser Brauch dürfte wie das Verschenken des Eies einen praktischen und einen symbolischen Sinn haben. Wollte man doch ein Geschenk immer schon auch schön verpacken, und da der essbare Teil des Eies ja von Natur aus schon sicher in einer Schale ruht, war das Bemalen die einfachste Methode und die rote Farbe ursprünglich wohl auch am leichtesten herzustellen. Zudem galt die Purpurfarbe seit alters her als die vornehmste aller Farben. Symbolisch wird das Rot allgemein mit dem Blut Christi in Verbindung gebracht, doch sind verschiedene volkstümliche Legenden im Umlauf, von denen ich eine erzählen will:

Wie ein Lauffeuer verbreitete sich im Heiligen Land das Gerücht von Christi Auferstehung. Eine Bauersfrau, die mit einem Korb voll Eiern über Land ging, um sie am Passahfest zu verkaufen, hörte davon und sagte ungläubig: „Wenn das stimmt, dann sollen mir meine Eier rot werden!“ Und da geschah mitten in ihrem Eierkorb ein Wunder.

Der Osterhase als magischer Postbote, der die Eier ins Haus bringt, ist aus Mitteleuropa eingereist ebenso wie die grasgrünen, blauen, orangegelben oder pastellfarbenen Eier, die zunehmend das griechische Rot verdrängen wollen. Das Verstecken und Suchen der Eier ist in Griechenland unbekannt. Als unsere Kinder klein waren, bemühte ich mich, griechische und deutsche Ostersitten zu kombinieren. So gab es neben den Körbchen mit roten auch solche mit bunten Eiern, und die süßen Ostergeschenke wurden zwischen den Narzissen und Margeriten im Garten versteckt. Als Ostern mal wieder auf die ersten Maitage fiel, stellte sich heraus, damals bitterlich beweint, heute in der Erinnerung viel belacht, dass die Schokoladen innerhalb ihrer bunten Glitzerhüllen im schon sommerlichen Sonnenschein dahin geschmolzen waren ...

Genau wie in Österreich (Eier-Pecken) gibt es auch in Griechenland das Eierklopfen; griechisch *Tsoúngrisma*. Es ist ein beliebtes sportlich-vergnügliches Wettspiel keineswegs nur für die Kleinen. Der ursprüngliche Sinn soll darin bestanden haben, dem neu erstehenden Leben symbolisch schneller ans Licht zu helfen. Das *Tsoúngrisma* beginnt beim Auferstehungsmahl in der Osternacht und endet, wenn die letzten zwei roten Eier verspeist sind. Versuche jugendlicher Spaßvögel, rot bemalte Sockenstopfeier aus Holz unterzuschmuggeln, werden schnell durchschaut und ausgebuht ...

Der Osterbraten

An Festtagen, einschließlich Ostern, so kennt man es, setzt sich die Familie an den dekorativ gedeckten Tisch im Wohnzimmer, und die Hausfrau trägt aus der Küche den von ihr zubereiteten Festtagsbraten auf. In Griechenland, mit Ausnahme der Gegenden und Inseln, wo jener nicht am Spieß, sondern im Ofen zubereitet wird, ist das jedoch ganz anders – jedenfalls wenn es zu Ostern nicht regnet. In Gärten, Höfen oder auf Veranden richten, würzen und betreuen allein die Männer der Familie das schon früh morgens auf den Spieß aufgesteckte Lamm über der glühenden Holzkohle.

Dort dreht es sich ein paar Stunden lang, bis es gar ist. Heutzutage wird der Spieß meist von einem kleinen, speziell für diesen Zweck hergestellten Motor in Bewegung gehalten – noch vor wenigen Jahren wechselten sich die ganze Familie ebenso wie geladene oder einfach nur mal vorbeischauende Freunde und Nachbarn darin ab, den kontinuierlich sich bräunenden ganzen Hammel von Hand zu drehen. Denn zumindest auf den Dörfern ist es üblich, dass man umherwandert – von einem Haus und Spieß zum andern, wobei über den jeweiligen Grillplatz hinweg fachmännische Ratschläge getauscht werden, die Kinder herumrennen und die Frauen in der Küche *Mezedákia* – Appetithäppchen zubereiten und dabei ausgiebig miteinander plaudern. Denn die ganze Zeit, die das Lamm zum Garen braucht, wird bereits tüchtig gefeiert!

Die Hitze über der Glut und das viele Reden machen durstig, und so spricht man schon früh reichlich dem Wein (neuerdings auch gerne dem Bier) zu, und der Duft sowie der Anblick des zunehmend knuspriger werdenden Bratens wecken den Appetit. Und weil Griechen nie trinken ohne zu essen bzw. weil das eine den Genuss des anderen

Gemütlichkeit zu Ostern: Früher mussten die Spieße noch mit der Hand gedreht werden – heute machen das Motoren.

hebt, steckt man sich gegenseitig die besten Bissen zu, für deren Nachschub aus der Küche ins Freie hinaus die Hausfrau Sorge trägt: in Viertel oder Achtel geschnittene hart gekochte Eier, an denen die Spuren der roten Farbe haften, mit der sie für das Fest gefärbt wurden, in Oregano und Zitronensaft geschmorte Innereien und mundgerecht geröstete Stücke Bauernbratwurst, Tomatenscheiben, Käsewürfel, Oliven … und natürlich das Allerbeste: die *Pétsa*, die bereits knusprigen Stellen der Schwarte. Vielfach werden die Innereien auch als *Kokorétsi* zubereitet, d. h. in die sorgfältig gereinigten Därme eingewickelt und gemeinsam mit dem Lamm auf dem Spieß gegart. Dazu wurde tags zuvor, am Samstagnachmittag oder -abend, der endlos lange Schafsdarm mit Stöckchen gewendet, um gewaschen und mit Bergen von Salz und Zitronen abgerieben zu werden. Danach ging es zur *Anástasis*, der Auferstehungsfeier in der Kirche.

Keine Anstrengung, kein Zeitaufwand wird gescheut, um das Ostermahl am Sonntag zu einer fröhlichen und genussreichen, über Stunden hin anhaltenden Unternehmung zu gestalten. Das Wichtigste ist dabei nicht das gastronomisch Besondere, das Festmahl an sich, sondern das Aufgehen in möglichst großer und abwechslungsreicher Gesellschaft – in der *Paréa*. Der zwanglose Aufenthalt draußen, eingehüllt von den Bratenduft- und Rauchwolken, verlangt keine mit Kristall und teurem Porzellan gedeckte Festtafel, keine feine Kleidung, vielmehr Gartenmöbel, Spontaneität und Provisorium: Stühle werden herbeigebracht, immer neue Teller und Gläser aufgetischt, man begrüßt und verabschiedet einander, ruft sich über Zaun und Mauer den Ostergruß, das „Christós anésti!" – Christus ist auferstanden! – zu, kommt und geht, kehrt wieder, prostet sich gegenseitig zu, schnabuliert hier und dort ein Häppchen …

Wenn dann das Lamm schließlich fertig gegart, vom Hausherrn fachgerecht zerlegt und auf Platten angerichtet ist, die wandernden Gäste an den eigenen Herd bzw. Grillspieß zurückgekehrt sind und man sich im engeren Familien- bzw. geladenen Freundeskreis um Tisch und Fleischberge schart, wenn es also endlich losgeht mit dem Lammessen – dann sind alle schon satt und müde!

Vergnüglicher Wettbewerb: Wessen Ei ist wohl das härtere?

Teure Ostern

„Dieses Jahr kann ich mir Ostern nicht leisten", sagt Voúla, meine „Perle", die nun schon seit über zwanzig Jahren einmal in der Woche bei mir putzt. „Du kannst Dir Ostern nicht leisten, wie soll ich das verstehen?" frage ich erstaunt. Gerade habe ich ihr den doppelten Tageslohn als Ostergeld in die Hand gedrückt. „Ja, wir bleiben in Athen, die Reise ins Dorf kostet uns mindestens 500 Euro." „Ihr" Dorf liegt fast bei Thessaloniki, im Norden Griechenlands, in Thessalien. Und dann rechnet sie es mir vor: die vielen Kilometer, die hohen Benzinpreise, und mindestens sechs Mal sei eine Mautstelle zu passieren. „Dann brauchen wir ein ganzes Lamm", fährt sie fort, „Süßigkeiten und andere Speisen, Oúzo und Wein, denn wir müssen ein ‚Trapézi' ausrichten", d. h. einige Leute zur Ostertafel einladen. „Und vor allem: Wir müssen jede Menge Geschenke mitbringen, wenigstens für die Kinder!" Voúla ist traurig, als sie mir das erzählt. Das hat es noch nie gegeben: Ostern allein in der Stadt. Ihr zuzuraten, doch niemanden einzuladen und nicht die ganze Großfamilie zu beschenken, versuche ich gar nicht erst. Ich weiß, das wäre unmöglich. Ostern lädt jeder ein in seinen Hof, seinen Garten; jeder Nachbar, der vorbeikommt, darf sich dazu setzen und mit schmausen. An der Tafel darf man nicht kargen. Die Kinder der Schwestern, Brüder, Cousinen und Cousins und wer sonst eventuell noch alles dazu gehört, müssen ein Präsent aus der Hauptstadt erhalten, – das ist selbstverständlich. Kleinlich, gar geizig erscheinen, zeigen, dass man rechnen muss – das widerspricht jedem Anstand. Zwar darf man in der Tischrunde gemeinsam diskutieren, über die Verhältnisse schimpfen, klagen und jammern, aber mit leeren Händen da stehen und offenbaren, dass man selbst so sehr schon von der Krise betroffen ist, dass man die Traditionen nicht mehr wahren und das Selbstverständliche nicht mehr leisten kann – ein Ding der Unmöglichkeit. „Min ta máthi i jitoniá" – „dass es bloß die Nachbarn nicht erfahren", ist fast ein geflügeltes Wort in Griechenland.

„Voúla", sage ich aufmunternd, „Ostern ist einmal im Jahr, das wirst Du schon schaffen!" Dann schüttet sie mir ihr Herz aus. Ihrem Níkos, ihrem Mann, der gut zehn Jahre älter ist als sie, hat man drastisch die Rente gekürzt, der Kredit für die kleine Eigentumswohnung, den sie sich noch vor zwei Jahren gut leisten konnte, ist kaum mehr abzustottern, und dann ist da noch die Tochter, Ioánna, mit eigener Familie, zwei kleinen Kindern … Sie hat zwar ihre Arbeitsstelle (noch) nicht verloren, wurde aber seit vier Monaten nicht mehr bezahlt. „Und ich versuche", sagt Voúla, „sie ein bisschen zu unterstützen."

Es ist in Griechenland „normal" geworden, dass die Renten schrumpfen, dass man um seinen Job zittern muss oder für seine Arbeit nicht mehr regelmäßig bezahlt wird. Dass man sich die kleinen Freuden, die selbstverständlichen Traditionen und Familienfeste, die den harten Alltag versüßen, nicht mehr gönnen kann, ist hierzulande ein sehr bitterer Einschnitt, der nicht nur weh tut, sondern für den man sich auch schämt, auch wenn man gar nichts dafür kann.

Nach Ostern nähert sich rapide der griechische Sommer. Man fährt dann öfter auf „sein" Dorf, auch wir. Dann muss ich Voúla sagen: „Nächste Woche sind wir so und so viel Tage nicht da, komm also erst übernächste Woche wieder." Und ich weiß, sie ist verzweifelt, wenn sie einen Tageslohn verliert …

Die Ballade von den Katzen

„Vergangenen Maitag brachte meine Katze / Zur Welt sechs allerliebste kleine Kätzchen, … / Die Köchin aber – … Menschlichkeit wächst nicht in einer Küche –, / die wollte von den sechsen fünf ertränken, / fünf weiße schwarzgeschwänzte Maienkätzchen / ermorden wollte das verruchte Weib, … / Ein Jahr ist um, und Katzen sind die Kätzchen, … O Menschlichkeit, wie soll ich dich bewahren! / Was fang ich an mit 56 Katzen?“

Diese kleine Ballade von Theodor Storm zeigt, dass der Umgang mit Haustieren offenbar auch im europäischen Norden nicht immer unumstritten war …
Generationen von Katzen haben wir an uns vorüberziehen sehen, seit nunmehr fast zwanzig Jahren, in denen wir ein Ferienhaus auf der Peloponnes haben. Einziger ständiger Nachbar ist der Schäfer Stratís mit seiner Familie, der jeden Mai mit Frau, Kindern, Schafen, Ziegen, Hühnern und Hunden in sein Zweitdomizil hoch in den Bergen umsiedelt, wo sie alle bis Ende Oktober verbleiben, bis auch in den tieferen Lagen wieder saftiges Weidegras nachgewachsen ist. Die Katzen samt den nachgeborenen Maienkätzchen lassen sie regelmäßig unten zurück. So werden sie im Sommer immer magerer und abgerissener, im Winter jedoch zunehmend wieder dick und schön. Im Sommer springen sie, sowie sie unser Auto hören, herbei und setzen sich erwartungsvoll vor die Haustür. Also haben wir reichlich Dosen mit Katzenfutter im Wochen-

Zwei Hauskatzen in ihrem Revier

end- und Feriengepäck. Im Winter vernachlässigen sie uns und kommen auf ihren Jagd- und Liebeswegen nur sporadisch vorüber.

Wie notwendig Katzen auf dem Lande sind, erlebten wir in den ersten Tagen, als wir unser Bauernhaus gerade besiedelt hatten. Da saß am ersten Morgen früh unser eigener geliebter Kater, damals ein etwa einjähriges, jagdeifriges Tier, konzentriert vor einem Loch in der Zimmerwand, das noch einer künftigen Elektroinstallation harrte. Unmittelbar neben dem Kater standen die Hausschuhe unserer Kinder, und in einem der Pantöffelchen duckte sich zitternd eine Maus. Es war ein hübsches Mäuschen, hellgrau der Pelz und rosa-weiß die Öhrchen. Hinter dem Rücken des unverdrossen vom Loch in der Wand faszinierten Katers trugen wir es samt Hausschuh leise und heimlich in den Hof – und ließen es laufen! Es entfernte sich langsam, denn seine Beinchen waren bereits von den scharfen Krallen verletzt …

Im Moment füttern wir einen starken, von Kampfblessuren gezeichneten, aber sehr scheuen, rot getigerten Kater und eine weiß-grau getigerte Katze. Die beiden sind Onkel und Nichte, in den Familienverhältnissen kennen wir uns genau aus! Sie sind die einzigen zurzeit verbliebenen ausgewachsenen Nachkommen einer Stammmutter, die 16 Sommer lang bei uns einkehrte und Jahr für Jahr bis zu dreimal Junge warf. Jeweils zwischen zwei und vier Kätzchen. Sie bemühte sich wirklich hingebungsvoll, alle groß zu ziehen, was ihr niemand verwehrte, außer immer wieder der Natur selbst (Keiner in der Schäferei war etwa so grausam wie Theodor Storms Köchin). Diese *Griá*, die Alte, war ein schmales, zähes Tier mit spitzem dreieckigem Gesichtchen und einer unglaublichen Überlebenskraft. Einmal hinkte sie, angeschossen, auf drei Beinen daher, ein anderes Mal fehlte ihr das Fell über blutiger Schädeldecke, häufig waren ihre Augen entzündet, doch immer wieder rappelte sie sich hoch. Es war unmöglich, sie anzufassen, wir bewunderten sie und ließen uns anfauchen und mit den Tatzen bedrohen, während wir sie und ihre neuesten Kleinen fütterten, die sie dann gnädig in unserem Hof spielen ließ. Im letzten Sommer ist sie nicht mehr gekommen. Ihre männlichen Nachkommen waren entweder rot getigert oder schwarz mit wenig weiß, die weiblichen bunt wie Flickenteppiche oder weiß getigert wie jetzt die Tochter, die die Stellung ihrer Mutter übernommen hat und dieses Jahr nach den Maienkätzchen sicher auch Julikätzchen zur Welt bringen wird. Sie werden süß sein, aber wir wissen nicht genau, ob wir uns über sie freuen sollen.

Was da kreucht und fleucht …

Als ich heute morgen den Deckel von der Zuckerdose hob, um Erdbeeren zu süßen, wollte ich meinen Augen nicht trauen: Der weiße Zucker hatte sich in ein Gewimmel schwarzer Ameisen verwandelt, die sich, kaum größer und fast ebenso zahlreich wie die Zuckerkörner, unter dem Schutz des Deckels offenbar schon eine ganze Weile labten. Auf der Suche nach kaum sichtbaren essbaren Bröckchen ziehen sie zurzeit in meiner Küche längs der Kanten von Arbeitsflächen dahin oder klettern gar an Tischbeinen empor. Besonders am frühen Morgen trifft man sie in Scharen, und sie bringen sicher manche schlaftrunkene Hausfrau zur Verzweiflung, um dann für den Rest des Tages – wie alle Diebe scheuen sie das Sonnenlicht – weitgehend zu verschwinden. Endgültig vertreiben kann man sie nur, indem man sie auf ihren imaginären Straßen bis ins Schlupfloch verfolgt und die chemische Keule schwingt. Es sei denn, man übe sich in Geduld: Noch vor dem heißen Sommer sind sie für ein ganzes Jahr verschwunden – wer weiß wohin.

Wer in Griechenland wohnt, darf von Beginn bis Ende der warmen, wenn auch nicht unbedingt in der heißesten Jahreszeit mit sechsbeinigen Gästen rechnen. Sie kommen in Etappen, jede Art zu ihrer Zeit. Den Ameisen folgt im Mai eine kurze, aber regelmäßige Invasion der Stubenfliegen, die dann in der Hitze des Sommers ebenfalls nicht mehr existent sind. Nachdem seit den 1960er Jahren endlich alle

Kampf gegen die Mücken auf dem Balkon mit einer Rauchspirale

Häuser an ein Kanalisationsnetz angeschlossen sind, hat man sich glücklicherweise nur noch selten der mehrere Zentimeter langen geflügelten Schaben, der Katsarídes, zu erwehren, die unter eine losen Fliese oder sonst einer beschädigten Stelle Familien zu gründen strebten. Weitaus hartnäckiger ist die Saison der *Kounoúpia* und der winzigen Sknípes, der Schnaken und Moskitos – erstere bemerkt man erst nach ihrer Missetat an den juckenden Pusteln, letztere bereits bei jedem der pieken-den Einstiche, mit denen sie einem den Sommerabend auf der Veranda vergällen. Supermärkte und auch Apotheken profitieren von ihnen – viele Meter Regallängen gehören den verschiedenen Insektenkillern aus elektrisch zu verdampfenden Tropfen und Chips, mit Anti-Duft imprägnierten Wachsfackeln bzw. Einreibe-Lotions oder gar geheimnisvollen, für Menschen- aber nicht für Insektenohren unhörbaren Lärmerzeugern. Gegen die Motten, die weitgehend unsichtbar Teppiche und Winterkleidung attackieren, weswegen diese im Monat Mai in aufwändigen Räumaktionen sorgfältig in Nylonhüllen verpackt ausgelagert werden, gibt es Kampfertabletten oder lavendelduftverbrämte Giftkisschen, die in die Schränke zu hängen sind.

Ähnliche Bedrängnisse, jedenfalls im Innern des Hauses, gibt es in Deutschland und anderen nördlicheren Ländern bedeutend weniger massiv – Fliegen in bäuerlicher Umgebung, geflügelte Ameisen vor dem Gewitter, vielleicht einmal ein Wespennest am Dachfirst, aber sonst höchstens ein paar harmlos brummende Nachtfalter, die um die Lampe schwirren ... Plagegeister der freien Natur sind unabhängig vom Klima hier wie da zu finden, doch auch diesbezüglich wären in Griechenland noch ein paar weitere entomologische Spezies aufzuzählen, denen man allerdings seltener begegnet: *Sarantapoderoússes* etwa, stechende Tausendfüßler, denen hierzulande allerdings nur 40 Beine zugestanden werden, und hin und wieder ein Skorpion ... Harmlos für Menschen, nicht aber für deren Pflanzungen sind die gefräßigen Flugheuschrecken, die sich in manchen Gegenden hartnäckig angesiedelt haben und alle Jahre wieder in Schwärmen dörrendes Gras bevölkern.

Viele der genannten sechsbeinigen und geflügelten Tierchen, so heißt es, wandern mit zunehmender Erderwärmung unweigerlich nach Norden! Griechenland hat aber auch die schönsten Schmetterlinge – *Petaloúdes*: fliegende Blumen, wie der Name andeutet. Auf die darf man sich dann im Norden freuen!

Der Turm der Winde in Athen

O Ánemos – der Wind

Bleibt er an heißen Tagen fern, wünscht man ihn sehnlich herbei, doch ist er dann da, so will man ihn oft wieder weghaben. Kaum ein Besucher ägäischer Inseln, dem nicht schon das unaufhörliche, sandpeitschende Gebrause auf die Nerven ging. Oft foppt er uns, der Sohn der „rosenfingrigen" Eos, der Morgenröte, wenn er bei Tagesgrauen zur kräftigen Brise anhebt, dann jedoch parallel zur aufsteigenden Hitze sich faul wieder legt. Ja, tatsächlich kann der Wind es uns kaum recht machen, denn der janusköpfige griechische Charakter, freundlich aber auch aggressiv, impulsiv und gelassen, ist auch ihm eigen, und es gehört zu seiner Natur, dass er in jeder Richtung zur Übertreibung neigt – entweder zur Flaute oder zum Sturm.

Im Hafen von Aulis machte die Windstille König Agamemnon zum Kindesmörder: Um Segelwind nach Troja zu bekommen, war er bereit, seine Tochter Iphigenie zu opfern. Nach dem erfolgreichen Kriegszug wiederum gefiel es dem Wind, den sich heimwärts sehnenden Odysseus jahrelang über die Meere zu hetzen!

Auch heute noch hat der griechische Wind mythische Kraft, bringt Segen oder Fluch über das heiße Land, an dessen ungezählten Meeresküsten sich seit mehr als vier Jahrtausenden Schiffe bewegen. Bleibt er im Sommer weg, tritt unweigerlich eine barbarische Hitzewelle, ein so genannter *Káfsonas* ein. Kommt er wieder, dann so heftig, dass er kleine Flammen zu unbesiegbaren Feuersbrünsten entfacht, die er durch ausgetrocknete Wälder jagt. Andererseits vertreibt der Nordwind den Smog aus Athen.

Der Wind kann auch durchaus lieblich sein, sonnenheiße Haut kühlend liebkosen und den Duft von Zitronenblüten aufs Meer hinaustragen, so dass Seeleute von gartenreichen Inseln schwärmen, die ihren Duft verströmen, bevor man noch ihre Küsten sieht ... Dieser freundliche, zärtliche Wind, der mit sanften Brisen die Luft erfüllt, im Frühling seine Kinder, die Anemonen, wiegt und über Nacht die Schwalben bringt, kann, so glaubte man in der Antike, nicht der gleiche sein wie der Nordwind, der in eisigen Böen heranbraust. Oder wie der regenschwere orkanträchtige Südost, der sich gern mit tropischer Schwüle und afrikanischem Wüstensand mästet, um dann das griechische Land mit klebrigen Tropfen gelben Schlammes zu besprühen. „Es hat láspi geregnet", sagen dann die Leute und machen sich ans Putzen ...

So hat der antike Mensch die Winde wie andere Naturphänomene auch, personifiziert, ihnen Namen und Charaktere gegeben und sie als Wesen göttlicher Abstammung verehrt: Boreas, dem Nordwind, brachte man nach dem Sieg über die Perser bei Salamis Opfer dar. Zephyros, der sanfte Westwind, zeugte die windschnellen Rosse des Helden Achill, der wirbelige Euros wühlte auf Geheiß des Poseidon die Meere auf. Auf der römischen Agora von Athen errichtete der geniale Astronom Andrónikos von Kyrrhos im 1. Jahrhundert n. Chr. einen Wetter- und Uhrturm, dessen Relieffries die acht attischen Winde als geflügelte Figuren darstellt, die in ihren Händen tragen, was sie jeweils bewirken – Blüten und Hagel, Gutes und Schlechtes ...

Die Farben des Sommers

Manche Inseln, so die meisten Kykladen, sind beherrscht vom Grau ihrer Felsen und dem Weiß ihrer würfelförmigen Häuser, ihre im Frühling grüne und blühende Bodenvegetation ist vertrocknet zu strohfarbenen Rispen. Andere Inseln bleiben auch im Sommer ganz grün. Auf Thássos, Chíos oder den Sporaden überwuchert die Felsen grünes Buschwerk, krönen Pinienwälder die Höhen, schimmert in den Senken das Silbergrün der Oliven. Um alle Inseln aber legt sich in gleicher Weise im Sommer das Meer in tiefem, in leuchtendem Blau. Die unterschiedliche Tiefe, die Pflanzenwelt und Beschaffenheit des Meeresgrundes sowie die Strömung lassen es zum grünlichen Türkis- oder zum schwärzlichen Tintenblau changieren, und je nach der Bewegtheit des Wassers schwingt ein weißer Brandungssaum über die Strände. Der Azur des Himmels über allem ist nur um Nuancen heller als das Meer und oft ganz ohne das Weiß auch nur einer einzigen Wolke. Fahl werden Licht und Himmel nur über den hitzeflirrenden, staubigen Städten, so vor allem Athen.

Das Klima mit seiner hohen Anzahl ungetrübter Sonnenstunden, die Reinheit der Luft über den Wassern, die klärende Kraft fast immer wehender Winde erzeugen jenes alles umfassende, gleichmäßig ausgebreitete Goldlicht, von dem in Griechenland die Maler schwärmen. Es intensiviert die Farben zu höchster Sättigung und Leuchtkraft. Die ästhetische Wirkung wird mehr von farblichen Kontrasten als von Übergängen bestimmt.

Gemeinsam mit der Natur gestaltet auch der Mensch seine Umwelt mit intensiven Farben: Kirchenkuppeln, Tavernenstühle und Fensterläden in Blau, letztere bei Häusern aus Steinmauerwerk auch oft in Vyssiní, Sauerkirschen-Rot. Byzantinische Ziegel und Mauerbänder variieren zwischen Rot-, Siena- und Ockergelbtönen. Jede Farbe für sich, auch die unbunten, sei es das ausgedehnte Weiß der Mauern oder das punktuelle Schwarz von Frauen- und Priesterröcken, wirkt kraftvoll und dominant. Und schon in der Antike zierte all die heute marmorweißen Tempel und Standbilder eine sorgfältig gewählte, Regeln unterworfene Polychromie. Diese urgriechische Vorliebe für gesättigte Buntfarben und strahlendes Weiß setzt der Strahlkraft sommerlichen Lichtes Kontrapunkte entgegen: Farben, die sich behaupten und nicht in flirrendem Glast der Hitze versinken.

In gesättigtem Bunt prunken auch die Sommergärten: die Bougainvillea in der Skala ihrer Purpurtöne, Oleander und Geranien in weißdurchmischter Rot-Palette, das lüsterne Knallrot der in Tagesfrist welkenden Hibiskusblüte, weiße und hellblaue Jasminwolken und jedwedes Grün, sofern von Fahrwegen her nicht Staub darüber hingeweht ist, in smaragdenem, samtenem oder metallischem Glanz. Oder die Märkte im Sommer: Warmes Gelb von Honigmelonen, pralles Rot der Tomaten, Lilaglanz von Auberginen, helles und dunkles Grün der Paprika und Gurken und, besonders verlockend durch den komplementären Kontrast, die zu tiefrosaroten Fruchtscheiben aufgeschnittenen tiefgrünen Wassermelonen.

Kräftig farbig ist selbstverständlich auch das Leben, es kehrt stets seine bunten Seiten heraus. Blässe, Trübsinn, Eintönigkeit im griechischen Sommer – unvorstellbar.

Athener Strandleben oder der tägliche Bus zum Meer

Im Hochsommer breche ich jeden Morgen, möglichst noch vor acht Uhr früh, zum Strand von Várkiza auf, am südöstlichen Zipfel der Athener Stadtgrenze. Eine halbe Stunde Autofahrt und ich bin dort und schwimme eine tüchtige Strecke, – danach fühle ich mich fit für mein jeweiliges Tagesprogramm. Die Bucht von Várkiza dehnt sich weit: Im Westen stehen, im Stil eines modernen Seebads, die letzten Hochhäuser der Stadt, davor rundet sich ein kleiner Fischereihafen, dem sich das offizielle, gebührenpflichtige Strandbad mit Liegen, Sonnenschirmen und gastronomischen Einrichtungen anschließt, und erst dann kommt der freie Naturstrand, dessen Luxus aus zwei Kiosken mit Erfrischungen, zwei Duschen und neuerdings ein paar Schilfschirmen besteht, und an dessen östlichem Ende sich das Band der Küstenstraße in blaudunstigen Hügeln Richtung Kap Sounion verliert …

An diesem Strand bin ich auch ganz frühmorgens keineswegs allein. Meist parken hier schon drei, vier Busse, wenn ich ankomme, und ihre Fahrgäste bevölkern bereits in munteren Gruppen Sand und Wasser. Wenn ich zwei Stunden später zu meinen weiteren Unternehmungen aufbreche, hat es schon eine emsige Fluktuation gegeben: Busse kommen und gehen, entleeren oder füllen sich mit badelustigem oder badesattem Volk, das am Strand unaufhörlich mit allen Stadien des Aus- und Anziehens beschäftigt zu sein scheint.

Die südlichen Stadtgemeinden, die nicht das Glück haben, am Meer zu liegen – das sind vor allem Ilioúpolis, Argyroúpolis und Ymittós – organisieren jeden Sommer Badetouren hierher, die nach speziellem Fahrplan etwa im Zwei-Stunden-Takt zum bzw.

Stadtstrand am Abend in der Nähe von Piräus

wieder vom Strand aufbrechen. Ihnen schließen sich Reisebusagenturen mit zahlreichen Fahrzeugen an, die außerhalb der Ferienzeit als Schulbusse im Dienst stehen. So belagert im weiteren Verlauf des Vormittags nicht selten eine Wagenburg aus einem guten Dutzend Bussen den Strand.

Die ersten, die von ihnen Gebrauch machen – irgendwann zwischen Sieben und halb Acht – sind die Rentner. Sie stehen aufrecht im Meer oder drehen sich in kleinen paddelnden Kreisen um sich selber – meist in Gruppen und in angeregter Unterhaltung. Dabei zeigen sich die Männer genau so schwatzfreudig wie die Frauen, gestikulieren aber heftiger, was den Damen vielleicht auch deshalb versagt ist, weil sie im Wasser gern ihre Sonnenhüte tragen und den Kopf möglichst unbeweglich halten. Von wenigen zügigen rüstigen Schwimmern, die einsam ihre Bahnen ziehen, abgesehen, scheinen ältere Herrschaften davon überzeugt zu sein, dass das Meer auch ohne sportliche Betätigung eine therapeutische Wirkung entfaltet. Die nächste Welle, die die Busse an den Strand ausschwappen, bringt dann vor allem Mütter, aber auch jugendlich wirkende Großmütter und/oder -väter mit kleineren Kindern, die sich mit Schaufel, Eimerchen und aufgeblasenem Seegetier begeistert auf das flache Uferwasser stürzen, um sogleich wieder zur Sonnenschutzbehandlung mit Cremes und Hütchen zurückbeordert zu werden, was nicht selten Tränenfluten und Protestgeschrei auslöst. Unter solchen Badekunden im Zehn-Uhr-Fahrplan befinden sich auch schon ein paar jugendliche Frühaufsteher, während die überwiegende Zahl der älteren Jugendlichen frühestens um die Mittagszeit in mehr oder minder wilden Horden den Strand erobert. Sie stürmen allerdings meist aus den Linienbussen, deren Haltestelle sich etwa 100 Meter von der Küste entfernt befindet – der Zwei-Stunden-Takt der privaten Busse ist ihnen offensichtlich viel zu kurz.

Am Wochenende, wenn nur der städtische Linienverkehr funktioniert, ergibt sich die paradoxe Situation, dass man in den frühen Morgenstunden den Strand leerer findet als werktags. Später allerdings ist er hoffnungslos überfüllt bis zum Sonnenuntergang und darüber hinaus. Will ich den Sonntagvormittag gemütlicher anlaufen lassen und schaffe es nicht, so früh hier einzutreffen, dann komme ich lieber erst wieder am Montag.

 Menschen und Hund in hauptstädtischen Gefilden

Die Jalousie oder: Siesta

Ich verdunkele meine Umgebung, schließe mit der Helligkeit wenigstens optisch auch die Hitze aus. Die Jalousie lässt das Draußen nur erahnen, als eine gedämpfte Verheißung für später, wenn ich, erfrischt durch Ruhe und Abschirmung, wieder Lust habe, mich mit dem Sommertag auseinanderzusetzen. Vielleicht erst dann, wenn er zu Ende geht, dieser Sommertag in Griechenland. Wenn vielleicht ein leichter Wind aufkommt und den Geruch von erhitztem Staub und Asphalt durch Blumenduft ersetzt, oder wenn sich wie eine Jalousie die Nacht vor die Welt gesenkt hat und eine Illusion von Kühlung bringt, die erst gegen Morgen, wenn schon die Sonne bald wieder aufsteigt, Wirklichkeit wird.

Hält auch hier jemand Siesta?

Die künstliche Dämmerung in meinem Zimmer, die mir die Jalousie am hellen Nachmittag gewährt, ist ein Geschenk, das ich auf vielerlei Weise nutzen kann. Ich kann die Augen offen halten und wandern lassen über meine Umgebung, die, zu Schatten und Schemen geworden, mein Denken nicht mehr ablenkt oder anzieht, sondern beruhigt. Auch über das helle gestreifte Viereck der Jalousie streift vielleicht mein Blick. Hinter ihm ist die Welt draußen zu Umrissen und schwachen Geräuschen versunken, und selbst die Blumen vor meinem Fenster und die anderen Gegenstände, die ich dort aufgestellt habe, weil ich sie gern sehe, sind nun verhüllt und warten auf später.

So kann ich auch die Augen schließen, die Jalousien meiner Lider über sie senken, vielleicht ein bisschen dösen, vielleicht sogar schlafen und mich so mit frischer Kraft auftanken für später. Später ..., das heißt in diesem Land: Neuerwachen des Lebens am Abend, wenn sich Straßen und Plätze, Balkone und Veranden, Gärten und Meeresufer, Cafés und Tavernen mit Lichtern und Menschen füllen, die im Schutz der Jalousie der Nacht all ihre Umgebung mit scheinbarem Tag erfüllen ...

Ich kann aber, abgeschirmt von der Jalousie vor meinem Fenster, auch meine Augen schließen und dann nicht schlafen. Ich kann vielen Dingen nachdenken und nachfühlen, ich kann mich erinnern, trauern und altes Glück aufleben lassen, wachend träumen, planen und wünschen, ich kann mich versenken in mich selbst, kann in Gedanken weinen oder lachen oder beten, kann bei mir selbst sein und bei nichts und niemandem sonst. Dank der Jalousie. Um dann später wieder aufs Neue bei allen zu sein, den Dingen und den Menschen, die mich fordern oder auch erfreuen.

Die Zikaden

Allen dichterischen Hymnen zum Trotz klingen sie weder melodisch noch süß, bringen sie kein Singen, Flöten oder Geigen hervor, sondern einen waschbrettartig schabenden Krach. Die Musik der Zikaden entstammt keinem edlen Streichkonzert, sondern weit eher den kratzenden Fiedeln ordinärer Straßenmusikanten. Und man hört sie tatsächlich auch meist, wenn man selbst unterwegs ist – in Eukalyptusalleen, Pinienhainen und Wäldern, wo im Hochsommer jeder Baum von mindestens einer Zikade besetzt zu sein scheint. Dort schmiegt sich *o Tzítzikas* – die griechische Bezeichnung ist männlichen Geschlechts – in perfekter Tarnung mit seinem borkenfarbenen gedrungenen Körper und graugetupften durchsichtigen Flügeln an die schrundigen Baumrinden und schrillt mit einem komplizierten Zirporgan am Hinterleib seine monotonen Weisen. Die Bäume selbst, ja ganze Wälder scheinen tönend zu vibrieren, vollkommen von diesem rhythmischen Singsang erfasst. Ich weiß nicht, wie viel Dezibel die Zikaden erreichen, doch vermutlich eine recht beachtliche Höhe auf der Skala messbarer Lautstärke. Dabei ist es der vielleicht einzige ohrenbetäubende Krach auf der Welt, der auf mich eine absolut beruhigende Wirkung hat und auch den friedlichsten Schlummer nicht stört.

Die mit hochentwickelten Hörorganen ausgestatteten Insekten waren in der Antike dem Bereich des Apollon und der Musen eigen, ihr brummiges Fiedeln galt also göttlichen Ursprungs. Weil ihre Larven sich in der Erde entwickeln, verehrte man sie gleich den Autochthonen, den aus göttergleicher Erde selbst Entsprossenen, Alteingesessenen des griechischen Bodens. Zikaden scheinen auch ihrem Baum treu zu bleiben, selten nur sieht man die behäbigen Kerbtiere fliegen, werden sie gestört, so verstummen sie lediglich ein Weilchen, um dann umso vehementer und lauter wieder einzusetzen.

Jedes Jahr warte ich auf sie. Irgendwann im fortschreitenden Juni lässt sich die erste hören, bald gefolgt von unzähligen anderen. Für mich symbolisieren ihre Laute die satte, ferienerfüllte, schläfrige und doch lebend wache Hitze Griechenlands, und insofern sind sie doch höchste Musik: Ton gewordener Sommertag.

 Ihr Fiedeln galt in der Antike als göttlichen Ursprungs

Ende der Saison

Im Sommer liegt zu dieser Stunde schon die Sonne über der Stadtsilhouette von Kérkyra (Korfu). Jetzt, im Oktober, betonen die Straßenlaternen das Dunkel und die Gruppen der an der Anlegestelle versammelten Menschen und Autos die Einsamkeit der noch verharrenden Nacht: Die Tage sind kurz geworden, beginnen spät und enden früh. Wir sind mit der Fähre von Patras nach Italien unterwegs, gemeinsam mit zurückreisenden Touristen. Das Schiff ist nun in dieser Richtung voller als in der Gegenrichtung. Im Sommer ist es umgekehrt.

Über Igoumenítsa breitet sich ein weißlicher Himmel, sein Blau kämpft mit dem Morgendunst, am Ende sieghaft. Und es ist sehr warm. Immer noch. Und auch dem schon nachsommerlich blasseren Sonnenlicht strecken die Heimkehrenden auf Deck ihre gebräunten Gesichter entgegen, um die Urlaubsfarbe zu vertiefen oder festzuhalten. Nun fährt das Schiff mit halber Kraft durch die Meerenge zwischen Korfu und Albanien, der Vormittag und Griechenland vergehen. Beim Eintritt in die Adria stampfen die Motoren stärker, die Strömung der vorbeiziehenden Fluten verrät wachsende Reisegeschwindigkeit, das Schiff eilt immer schneller Italien und dem europäischen Herbst entgegen, der zu dieser Jahreszeit auch oft noch ein warmer, goldener ist ... Spät erst fließt Wasser in den Swimmingpool, man hat es gar nicht mehr erwartet, doch es kommt dann doch.
An Bord sind junge Familien mit sehr kleinen Kindern, die noch nicht zur Schule müssen, sowie Paare und Einzelreisende der mittleren und älteren Jahrgänge. Immer noch erfüllt wie im Hochsommer babylonisches Sprachgewirr die Decks und Salons, manchmal dominiert das Deutsch einer lebhaft umherschwirrenden und sich dann müßig und schwatzend auf den Plastiksesseln des Sonnendecks niederlassenden Reisegruppe. Viele genießen das Einkaufen in den schicken Geschäften. Verloren dazwischen die Fahrer der Trucks, in schwarzen oder bunt bedruckten T-Shirts, einsam, robust und unrasiert. In der Hand einen Hotdog, einen dampfenden Becher Kaffee oder ein Bier, laufen sie ruhelos zwischen den entspannten Touristen umher.

Am späten Nachmittag wird es kühl, Strickjacken und Anoraks werden über kurze Ärmel gezogen, sich sträubende Kinder in wärmende Hüllen eingepackt. Eine Schulklasse feiert feuchtfröhlich das Ende ihrer Griechenlandexkursion, der Lehrer schaut ab und zu behutsam nach dem Rechten, trotz des Lärms versuchen andere junge Leute auf Deck zu schlafen. Fledermäuse schwirren um die Lichterkette – Italiens Küste hat sich genähert, morgen früh sind wir in Venedig, auch dies im Laternenlicht.

Zehn Tage später auf unserer Rückfahrt Richtung Griechenland. Das Reisevolk auf dem Schiff, demselben übrigens, hat ein anderes Gesicht. In der Tiefe der Fähre haben sich die Lastwagen und Sattelschlepper vermehrt, die Pkw verschwinden zwischen ihnen, und entsprechend beherrschen in den oberen Regionen des Schiffes nun die Lkw-Fahrer das Bild. Und das wird den ganzen Winter lang so bleiben. Die Griechen unter ihnen scharen sich um die Fernsehapparate in den Salons, kommentieren lebhaft die Nachrichten der Sender Mega oder Antenna oder das Fußballspiel von Panathinaikós. Ein paar Dutzend türkischer Autohändler bilden starke Gruppen, – sie starten, kaum in Igoumenítsa vom Schiff gerollt, in einer großen Kolonne mehr oder weniger fahrtüchtiger Gebrauchtwagen mit aufheulenden Motoren Richtung Heimat. Ein paar Individualreisende, junge und ältere, schlendern umher, kaum sieht man mehr Kinder.

Geduldiges Warten auf die nächste Saison

Drei deutsche Reisegruppen und ihre Busse sind an Bord, Rentner und Rentnerinnen. Sonnenhungrig setzen sie sich in zu dünner Kleidung dem Fahrtwind aus, verschränken fröstelnd die Arme, erst in Igoumenítsa hat die Sonne wieder wärmende Kraft. Da steigen sie auch schon aus, auf der Reststrecke nach Patras ist das Schiff fast leer. Der Swimmingpool bleibt während der ganzen Fahrt trocken und liegt unter einem Sicherheitsnetz. Niemand schläft mehr an Deck, in den Nischen der Salons rollen sie Schlafsäcke aus. Vor Patras stapeln Matrosen die Plastikstühle zu Türmen auf: Ende der Reise, Ende der Saison.

Der Winter ist anders …

Irgendwann zwischen Oktober und Ende November meldet er sich an, um dann gleich wieder zu verschwinden – ein Spielchen, das er mehrmals wiederholt, bevor er endgültig da ist. So als wolle er die sommer- und sonnenverwöhnten Menschen langsam seiner Existenz anpassen, so dass sie durchaus noch bis in den November hinein beim Schwimmen im Meer mit angenehmen Wassertemperaturen rechnen dürfen, sich Zeit lassen können mit dem Nachfüllen der Heizöltanks oder dem Wegräumen der Sommer- beziehungsweise dem Hervorkramen der Wintergarderobe. Dies ist in Griechenland ein aufwändiges und absolut endgültiges Unterfangen, denn weder hält man es im Sommer mit einem Pullover, noch im Winter mit Ärmellosem aus, was viele Wintertouristen nicht wissen, die in Sommerkleidern durch Athens Straßen zittern.

Langsam ändern sich auch die Früchte auf dem Wochenmarkt: die Auberginen, Tomaten und Paprika weichen dem Weißkraut, Spinat und Blumenkohl, die Pfirsiche den Äpfeln, die Trauben den Mandarinen und Orangen, die Zitronen, grün und hart im Sommer, werden immer saftiger und gelber … Immer noch erweist sich Griechenland als ein Land, in dem sich die Jahreszeit am Angebot der Früchte, Gemüse und sogar der Fische ablesen lässt.

Wenn der Winter endgültig kommt, so tut er das oft dramatisch: mit einem heftigen regenträchtigen Sturm von Süden her oder eisigem, zwar trockenem, aber durchdringendem, beißendem Nordwind. Wintergewitter sind im Allgemeinen weit häufiger als Sommergewitter … Dies bringt der Winter also auch mit sich: Man kann nun wieder vom Wetter reden, ein zeitfüllendes Thema, das gewöhnlich im Sommer nichts hergibt, wo zwischen Mai und September immer derselbe Sonnenschein herrscht. Das Gespräch über die Witterung und ihre oft bösartigen Folgen, den Schnupfen oder Husten, den man sich unweigerlich holt, wenn man erstmals zu Fuß in die bei jedem Guss regelmäßig überfluteten Straßen gerät, – das sind nun Gesprächsthemen der Wintergesellschaften, der Partys, der Empfänge und Namenstage, jener ganz besonderen griechischen Festtags-Spezies des Winterhalbjahres. Sie bilden die ersten Anlässe, zu denen man sich nun nach dem langen Feriensommer wieder sieht und haben gegen Ende des Winters ein regelmäßiges Stadium erreicht, über das man stöhnt: „Schon wieder eingeladen!“ und wo man statt Oúzo auf strohgeflochtenen Holzstühlen Whisky in edelgepolsterten *Salónia* trinkt, den oft nur dem Empfang von Gästen vorbehaltenen Wohnzimmerbereichen, und statt Eis Schokoladentorte anbietet …

Der Winter – so hart er sein kann, vor allem in den reichlich vorhandenen Bergen, auf denen man mancherorts, wie auf dem Kaimáktsalan in Westmakedonien, bei Aráchova im Parnass oder Kalávryta am Chelmós, best organisierten Wintersport treiben kann – lässt den Griechen doch Verschnaufpausen, in denen sie sich der Illusion kleiner Sommer hingeben können: Wenn im Dezember Rosen blühen oder die Temperaturen just an Weihnachten über 20 Grad hinauf klettern und an Januartagen die Freilandcafés einladen. Auch wegen dieser herrlichen sonnenreichen Tage eignet sich der Winter zu Entdeckungsreisen in Griechenland, zum Wandern oder zu den Studienfahrten an die antiken und historischen Stätten des Landes, die jetzt nicht mehr in der Sommerhitze schmoren und auch nicht überlaufen sind. Doch sollte man dann, jedenfalls auf dem Lande und den Inseln, keine touristische Infrastruktur erwarten: Viele Hotels, Tavernen und Cafés sind geschlossen, ihr Personal ist nach Athen übersiedelt – Nomaden der Gastronomie.

Die Hesperiden

Zitrusfrüchte: Orangen, Mandarinen und die würzig-saure Zitrone, die in der griechischen Küche eine königliche Rolle spielt – sie reifen nun zum Winter hin leuchtend heran, und in nördlichen Breiten vergolden sie, importiert aus südlichen Gefilden, die Weihnachtsteller. Der Sammelbegriff für diese Früchte, die den Abglanz der Sonne auch in den trübsten Wintertag zu zaubern scheinen, heißt in Griechenland Esperidoidí, was so viel bedeutet wie: die Hesperidenartigen.
Wir erinnern uns: Die goldenen Äpfel der Hesperiden, der Töchter des Abends, gediehen ganz im Westen, bei den Säulen des Herakles (Gibraltar) und nahe bei Atlas, dem Riesen, der das Himmelsgewölbe trug, auf einem Baum, den die Göttin Hera gepflanzt hatte. Die Früchte, aus denen der mythische Baum entspross, hatte ihr Gaia, die Erde, zur Hochzeit mit Zeus geschenkt. In seiner elften Aufgabe brachte Herakles die Hesperidenäpfel zu König Eurystheus nach Argos. Dieser schenkte sie der Göttin Athena, die sie, offensichtlich damals schon umweltbewusst, dem Baum im Land des Abends zurückgab ...

Es kann nur die goldene Leuchtkraft gewesen sein, der die botanische Gattung in Griechenland den verklärenden mythischen Namen verdankt, über dessen Herkunft in diesem Zusammenhang kein Lexikon aufklärt. Denn die Esperidoidí stammen ihrem Ursprung nach keinesfalls aus dem äußersten Westen, sondern aus dem Osten: In China sind sie Ende des 3. Jahrtausends v. Chr. bezeugt, in Indien um das Jahr 800 v. Chr. Sicherlich aber waren sie zur Entstehungszeit griechischer Mythen in Europa gänzlich unbekannt. Der Naturphilosoph Theophrastos (372-288 v. Chr.) erwähnt erstmals als in der Folge der Orientfeldzüge Alexanders des Großen importiert die Zedrat-Zirone, früheste Abbildungen zeigen sich auf Wandgemälden in Pompeji. Im Land der Hesperiden aber wurden Zitrusfrüchte sehr spät heimisch, erst als die Araber sie im frühen Mittelalter großflächig zwischen Sizilien und Portugal anpflanzten.

„Kennst du das Land, wo die Zitronen blüh'n / Im dunkeln Laub die Goldorangen glüh'n ... " lässt Goethe seine Mignon singen, und er meint Italien, denn er hat Griechenland nie kennen gelernt.

Die Schönheit dieser Früchte, ihr strahlendes Gelb- und Orangegold, der betörende Duft ihrer wachsartigen Blüten im Spätwinter üben, unabhängig davon, ob nun ihre Herkunft im Osten oder im Westen zu suchen ist, eine zauberische Wirkung aus; man denkt an die goldene Kugel, mit der die Prinzessin im Märchen spielt. Ein Zuhause in den Märchen und den göttlichen Gefilden alter Mythen billigt man ihnen durchaus zu, deshalb lassen sie Künstler aus pompejanischen Wandbildern oder schlichten Stillleben leuchten oder in Versen ihrer Dichtung aufglühen. In griechischen Hainen, Gärten, ja selbst auf den Wochenmärkten bis hin zur schön arrangierten Obstschale bewahren sie sich dieses Flair.

Reife Pomeranzen und noch unreife Zitronen – Hesperiden vor dem Haus

Vor Weihnachten am Flughafen

Die einen kommen an, die anderen reisen ab. So ist es doch immer, könnte man meinen, aber, wer genau hinschaut, dem zeigt sich das Bild ein wenig anders als sonst. Diejenigen, die abreisen, sind meist Familien mit kleineren Kindern oder Paare. Sie fliegen fröhlich in die Ferien und in den Schnee oder in verzauberte Städte voller Lichter und Musik mit Christkindlmärkten und Pferdekutschen, – Wien, Salzburg, München, Dresden oder Zürich ... Diejenigen, die ankommen in Athen oder auch in Thessaloniki, sind überwiegend junge Leute; sie sind auch in die Ferien gereist, aber nach Hause, zu Eltern, Geschwistern, Großeltern ... und zum langen Ausschlafen und langen Ausgehen und zu den üppig gedeckten *Jortiná Trapézia*, den Festtagstafeln, um die sich in diesen Tagen immer wieder die ganze Großfamilie versammelt.

Es ist Mode geworden in Griechenland, dass, wer es sich leisten kann, in den nördlichen Winter fährt, zu den oben genannten Märchenzielen mit ihren taghell erleuchteten Städten oder sogar in die Heimat des Weihnachtsmanns mit Fahrten durch die Polarnacht im Rentierschlitten. Sie wollen ein wenig von der Winter- und Festtagsromantik erleben, mit der sie hierzulande nicht aufgewachsen sind, weil sie nicht zur heimischen Tradition gehört, die ihnen jedoch im Zuge der Europäisierung unserer Zeit in der Weihnachtsdekoration von Straßen und Geschäften sowie in der verkaufstüchtigen Präsentation von Geschenken und außergriechischen Delikatessen werbewirksam als Sehnsuchtsobjekt vor Augen gestellt wird.

Anders gehen die Mitglieder der deutschsprachigen Kolonie mit dem Weihnachtsfest in Griechenland um. Da sind einmal die vorübergehenden Gäste, diejenigen, die sich aus beruflichen Gründen in Hellas aufhalten. Sie werden über Weihnachten und Neujahr, wann immer sie können, in die Heimat reisen; genauso wie viele der Ruheständler, die an ihrem zweiten Wohnsitz in Griechenland sonst die Sonne suchen, den Winter aber mit den Wechseln viel zu warmer und dann wieder kalter Tage auch wegen mancher immer noch mangelhafter Heizungssysteme meiden und erst im Frühjahr wiederkehren. Die gemischten Familien wiederum, in denen ein Elternteil Grieche ist und die Kinder zwei Staatsangehörigkeiten haben, bemühen sich, an Weihnachten die Festtagsbräuche beider Länder zu verbinden und dabei meist den Schwerpunkt auf die deutsche Tradition zu legen, um dann an Ostern die griechische dominieren zu lassen! Viele Familien mit kleinen Kindern reisen nach Deutschland, Österreich oder in die Schweiz, meistens die Heimat der Mütter, damit die Kinder vielleicht auch mal richtig Schlitten fahren können ... Die großen Kinder aber kommen – siehe oben – von ihren Studien- und Ausbildungsorten heim nach Athen. Die heimelige Atmosphäre der Adventszeit mit Kerzenlicht und Plätzchenbacken, in der griechischen Gesellschaft allenfalls als karge Fastenzeit ein Begriff, bereichert mit erwartungsvoller, wärmender Vorfreude das gemischtnationale Familienleben, in dem aber auch das altherkömmliche Singen der griechischen *Kálanda* vor den Haustüren seinen Platz hat. Am Heiligen Abend wird die sonst hierzulande unbekannte Bescherung unterm Lichterbaum die übliche bunte Vorabend-Glitzerparty verdrängt haben, und zuvor oder danach trifft man in der Christvesper oder Christmesse der beiden deutschsprachigen Kirchen mit Freunden und Bekannten zusammen. Doch am Ersten Weihnachtstag folgt das *Trapézi* für die ganze griechische Großfamilie mit Putenbraten, dem Honiggebäck *Melomakárona* und dem Wunsch *Chrónia Pollá* für alle, die Chrístos und Christína heißen und heute Namenstag feiern.

Der erste Weihnachtsbaum – Wie aus einer anderen Welt

Der erste Athener Weihnachtsbaum wurde – so erzählt es ein alter Kalender – im Jahr 1834 im Privathaus einer griechischen Familie aufgestellt, dem neuen Wohnsitz von Ioánnis Paparrigópoulos, einem bedeutenden Mann, der am Heiligen Abend prominente Gäste empfing und sie mit dieser aus Europa importierten Neuerung überraschte. Wie ein Lauffeuer scheint sich die Nachricht von dem geschmückten Lichterbaum herumgesprochen zu haben, der offensichtlich für Aufsehen in ganz Athen sorgte und spätestens ein Jahr danach in anderen Häusern Nachahmer fand.

Heute funkeln Weihnachtsbäume an allen Ecken und Enden Athens, auf Plätzen und vor Fassaden, in Vitrinen und hinter Fensterscheiben, in Gärten und auf Balkonen. Viele sind echt, andere aus glitzernden Kunststoffen oder nur aus Glühlämpchen geformt. Wirkte der Weihnachtsbaum, vereinzelt und selten, vor zwei, drei Jahrzehnten noch wie ein Fremdgewächs in einer von Palmen und Pomeranzenbäumen begrünten Stadtlandschaft, so ist er jetzt in ganz Griechenland regelrecht heimisch geworden, wird sogar in eigenen Pflanzungen herangezogen – ein Zeichen mehr für die Zugehörigkeit zu Europa, von wo er vor 178 Jahren wie aus einer anderen Welt hereingebracht worden war.

Die Geschichte des griechischen Weihnachtsbaums führt uns, wie könnte es anders sein, in die Jahre des griechischen Freiheitskampfes und in die Gründerzeit

Weihnachtskitsch für Groß und Klein

von Königreich und Hauptstadt. Man sollte meinen, es seien die Bayern im Gefolge Ottos I. gewesen, die den Weihnachtsbaum in Athen einführten, und der erste habe in den noch provisorischen königlichen Privaträumen in einer Stadtvilla am Kláfthmonos-Platz stehen müssen. Aber die Bayern hatten offensichtlich Weihnachten 1834 noch viel mit dem Umzug aus der alten Hauptstadt Nafplio in die neue Hauptstadt Athen zu tun, denn diese Übersiedlung fand just im Dezember statt. Darüber vergaßen sie anscheinend die traute heimatliche Sitte, Weihnachten mit geschmücktem Tannenbaum zu feiern.

Wie in besagter Athener Chronik überliefert wird, hatte der kosmopolitisch gebildete Diplomat Ioannis Paparrigópoulos (1780-1874) gerade sein stattliches neues Wohnhaus in der Plaka bezogen, das als ein erstes architektonisches Schmuckstück des damals noch wirren alten Viertels bestaunt wurde. Der von der Insel Naxos stammende Paparrigópoulos hatte sich 54-jährig als Generalkonsul Russlands in der neuen griechischen Hauptstadt niedergelassen. Nachdem er in Moskau Jura und in Rom Medizin studiert hatte, lebte er als Auslandsgrieche vor allem in osteuropäischen Ländern und setzte sich von dort aus, mit Diplomatenpapieren offenkundig problemlos im osmanisch beherrschten Griechenland ein- und ausreisend, zwar verdeckt, aber aktiv für den Freiheitskampf ein. Er war Mitglied der 1814 von Nikólaos Skoufás, Emmanouíl Xánthos und Athanásios Tsakálof in Odessa gegründeten Geheimgesellschaft „Philikí Etairía“, die sich der Aufgabe verschrieben hatte, den bewaffneten Aufstand von außen her zu organisieren und zu unterstützen (allen vier Männern sind in Groß-Athen zahlreiche Straßen gewidmet). Mit wichtigen Korrespondenzen und Geldtransfers unter anderem für den Revolutionsbischof Germanós von Patras, jenen heldenmütigen Metropoliten, der im peloponnesischen Kloster Agía Lávra und am 25. März 1821 auch in Patras das Freiheitsbanner gehisst hatte, war Paparrigópoulos im Nachrichtengeschäft tätig und führte auf Grund persönlicher Beziehungen zu türkischen Offizieren Verhandlungen über die Übergabe von Antírrhio und Mesolónghi.

Noch einmal die Weihnachtsmänner …

Sein bedeutendster Gast an jenem Heiligen Abend 1834 war der im Freiheitskampf mehrfach verwundete, in Athen als Befreier der Stadt viel geliebte General Ioánnis Makryjánnis, der die Akropolis entmilitarisierte und dem zu Ehren das ganze ihr zu Füßen liegende südliche Stadtviertel benannt ist.

Dass der mit russischem Weihnachtsdekor geschmückte Baum nicht nur für Makryjánnis, sondern offenbar für ganz Athen zur denkwürdigen Überraschung in der Weihnachtsnacht wurde, ist wahrscheinlich darauf zurückzuführen, dass er nicht im, sondern vor dem Hause aufgestellt war, genau wie es heute in Athen vielfach Brauch ist. Er konnte so von jedem, der vorbeikam, bestaunt werden, und der seltsame Anblick sprach sich schnell herum und lockte immer mehr Passanten an. Aber das ist reine Vermutung.

Und noch einmal Weihnachten – globalisiert

Etwa zwei Wochen vor meinem ersten Weihnachten in Griechenland wollte mein frisch gebackener Ehemann mir eine Freude machen und holte den Familienweihnachtsbaum seiner Kindheit vom Speicher. Mein Blick fiel auf sperrige grüne Plastikbüschel, zwischen die er Ketten aus auf- und abglühenden bunten Lämpchen hängte, und ich teilte ihm mit, dass ich solch einen „aufgeputzten Besenstiel" in meiner Umgebung nicht ertragen könne. Enttäuscht versuchten wir, unsere verlorene Weihnachtsstimmung anderswo wieder zu finden und fuhren über die Feiertage erstmal gemeinsam weg ...

In den folgenden Jahren erstanden wir kleine Tannenbäumchen in Töpfen, die einzelne Blumenläden anboten und die zu erwerben wir die halbe Stadt abklapperten. Obwohl wir sie mit ihren Wurzeln im Frühling tief im Gartenboden versenkten und fleißig wässerten, färbten sich die grünen Nadeln spätestens in der ersten Junihitze braun und fielen ab ...

Doch eines schönen Jahres dann tauchten sie plötzlich an allen Straßenecken auf: echte Weihnachtsbäume, aus Deutschland oder Dänemark importiert! Die Athener beladen seitdem ihre Autos mit immer höheren, immer schöneren Prachtexemplaren und transportieren sie im klaffenden Kofferraum mit blinkenden Warnlichtern nach Hause, wo sie früh im Dezember schon die Wohnzimmer schmücken.

Ein aufgeputzter Besenstiel?

Inzwischen gibt es auch in Griechenland Weihnachtsbaumplantagen, die schnell wachsenden Bäume helfen durch die stetig notwendigen Neupflanzungen, große Höhen zu begrünen. Gleichzeitig finden sich in den Fachgeschäften für Weihnachtsdekor künstliche Bäume, die mit geschmackvoll gestyltem Schmuck nicht mehr entfernt an die primitiven „Besenstiele" von einst erinnern.

Wer heutzutage sein erstes Weihnachtsfest in Griechenland verbringt, braucht keinen der heimatlichen Stimmungsträger mehr zu vermissen und muss nichts mehr, wie ich noch vor gar nicht so vielen Jahren, von jenseits der Alpen heranschleppen, weder Kerzen noch Zimmerschmuck noch traditionelle nördliche Süßigkeiten. In den Supermärkten Athens finden sich, neben den griechischen Traditionsgebäcken, Honig- und Lebkuchen, Zimtsterne und Stollen, Schokoladenfiguren in Glitzerpapier und Glühwein in Flaschen: Einst lokale weihnachtliche Leckerbissen hat der Markt europäisiert, internationalisiert, globalisiert.

Allein Adventskränze aus echten Zweigen findet man nur an einem Ort: Auf dem Weihnachtsbasar in der Deutschen Schule, und dort sind sie begehrt auch bei Griechen. Denn die ausschließlich künstlichen Kränze, die man in Griechenland erwerben kann, haben nichts mit dem klassischen Adventskranz und seinem auf dem Zauber der Erwartung beruhenden Ritual gemein. Fleißige Frauen aus Deutschland und Österreich sammeln das ganze Jahr über die Materialien für seinen Schmuck und beginnen bereits etliche Tage vor dem Basar, die ersten Kränze zu stecken und auszustatten ...

Regen am Heiligen Abend

„Wenn der Regen ein Meer würde", sagt Jórgos, „wären wir schon längst ertrunken". Er schüttelt die Tropfen von Kleidung und Haar, dass sie sprühen und hängt seine *Glítsa*, seinen Schäferstock, an den Haken in der Wand. Er hat sie selbst geschnitzt an heißen Mittagen, wenn er mit Schafen und Hunden im breiten Schatten des Johannisbrotbaums ausruhte, hat die Krucke mit Hieroglyphen verziert, mit krakeligen dreieckigen Zeichen, deren Bedeutung auch er nicht kennt. Der Sommer scheint lange schon vorbei, der Regen stürzt senkrecht auf die Küsten herab, in Piería oder im Pílion fällt dicht wie ein Vorhang der Schnee. „Doch ich habe das Holz für den Kamin trocken hereingebracht", sagt er, „es liegt im Eingang und ich geh' es gleich holen, wenn ich mich ein wenig aufgewärmt habe." „Ja", sagt Evgenía, seine Frau, „selten, dass es an Weihnachten so geregnet hat, ich kann mich nicht dran erinnern, sonst war es warm und angenehm, wenn die Gäste kamen. Sie werden doch kommen, oder? Was meinst du – jetzt wo das Kind da ist …"

Sie hat eine Handvoll gestickter Tücher im Arm gehabt, als der Mann eintrat und hat inne gehalten mit ihrer Arbeit. Still hat sie dem Tropfenregen zugeschaut und ist mit den Augen der Kurve gefolgt, den sein Stock zur Wand beschrieb. Nun breitet sie konzentriert weiter ihre Tücher aus, schiebt sie vorsichtig unter Gefäße und Gerätschaften, eins auf das Wandbord, eins, das breiteste, halb unter den mächtigen Fernsehapparat, der die *Sála* beherrscht, und eins, das längste mit den farbig schattierten Rosen und den goldenen Fransen, legt sie auf den Tisch, wo sie es nicht einfach so hinlaufen lässt, sondern kunstvoll rafft, dass sich die Fransen zum schimmernden Bogen biegen und nicht unter der Tischkante verschwinden. Mit schief geneigtem Kopf betrachtet sie ihr Werk und sagt „Es sind vierzig Tage heute, an meinem Namenstag, und nach Weihnachten werden wir's gleich dem Pfarrer bringen, dass er es segnet, oder meinst du, ihm könnte das Wetter schaden auf dem Weg? Und sie werden doch auch heute kommen zu meinem Fest, denn sie haben ja auch noch nichts gebracht für das Kind". „Ja", sagt er, „sie müssen kommen, wozu sonst hätte ich denn das Huhn geschlachtet als für die Suppe heut' Abend nach dem Fasten. Schließlich haben ihre Kinder ja auch die *Kálanda* gesungen heut' Morgen im Regen und ihr Geld dafür genommen". „Nun, aber die Wege waren noch keine Flüsse heute Morgen", meint sie und schaut sorgenvoll aus dem Fenster, reibt die beschlagene Scheibe, um in die Nacht hinaus zu sehen. „Siehst du, die Tropfen machen Blasen auf der Straße, und das heißt, es wird nicht aufhören heut' Abend. Ach, sie müssen kommen, ist doch unser Kind fast ein Christkindlein, am Tag der Erwartung des Herrn genau vierzig Tage alt und an meinem Namenstag!"

Sie stellt nun die gefüllten Teller auf das Tischtuch, braun glänzende *Melomakárona* und weiße *Kourabiédes* und dazu die Gläser, die kleinen für den Wein, der gerade klar geworden ist, gestern hat Jórgos das Fass angestochen. „Weißt du, Evgenía, wenn du allein bleiben kannst für zwei Stunden mit dem Kind, dann geh' ich zur Kirche, wenn sie die Geburtsliturgie singen und lad' alle noch mal ein, dann werden sie schlecht nein sagen können, auch wenn es noch so sehr regnet, und kurz nach zwölf sind wir da."

Evgenía geht in ihre Küche und rührt die Eier und den Zitronensaft in die Hühnersuppe, sie hört ihr Kind weinen, füttert und windelt es, wiegt es im Arm, bis es wieder schläft, sie läuft hin und her und rückt die Teller gerade sowie das Schiff auf dem Ka-

Weihnachten am Rathausplatz in der Hauptstadt

minsims, sie begutachtet die Spinatpastete im Backofen, das Joghurt im Kühlschrank, schaltet den Fernseher ein, aus und wieder ein, geht zum Fenster, schaut in den strömenden Regen und seufzt. Die Zeit geht langsam, nur langsam voran. Um Mitternacht entzündet sie eine Kerze vor der Christus- und Marienikone und schlägt ihr Kreuz. Wieder schaut sie in den Regen, nun kommt er schräg im schwankenden Licht der windgeschüttelten Dorflaternen, das Wasser sprudelt bis an den Rinnstein hinauf; wer da kommen will, muss fast knietief im Wasser waten, mit dem Auto kann man ohnedies nicht ganz nah an das Haus heran. Viertel nach zwölf, halb eins, Evgenía lauscht hinaus. Regengeprassel, kein Motorgeräusch, keine Schritte, keine Stimmen. Sie kommen nicht, nein, man kann es ihnen ja auch nicht zumuten. Evgenía öffnet die Fenster schnell, schließt die Läden, es hat keinen Zweck mehr, auf Gäste zu warten. Sie wird die Suppe und den Wein gleich mit ihrem Mann genießen, mit ihm allein, auch das eine Freude, freilich nicht so groß wie die Freude an einem geschmückten Haus voller Gäste in der Weihnachtsnacht …

Schließlich hört sie den Schlüssel im Schloss, und dann erst die Stimmen, viele Stimmen, männliche und weibliche und Kinderstimmen, „Evgenía, kalá Christoújenna, na zíssi kä to moró sou, pos tha to píte? – Frohe Weihnachten, und es lebe dein Kind, und wie soll es heißen?“ „Chrístos natürlich“, sagt sie lachend und öffnet weit die Wohnzimmertür, „nach seinem Großvater, herzlich willkommen ihr alle und chrónia pollá (*Viele Jahre* sollt ihr leben!)!“

Vorweihnachtsstimmung in Zeiten des Notstands

Sogar in einer südlichen Stadt wie Athen kann die Vorweihnachtszeit stimmungsvoll sein: Dafür sorgen heimische Vorbereitungen für das Fest, gegenseitige Kaffeebesuche bei Kerzenschein, Weihnachtsmärkte mit Budenzauber auf manchen Plätzen und festliche Konzerte, wie es sie in fast allen renommierten Konzertsälen der Stadt gibt. Da wetteifern die Institutionen der deutschsprachigen „Kolonien", die im südlichen Umfeld ihre eigenen trauten Weihnachtstraditionen hoch halten, mit den einheimischen Veranstaltungen, die im geradezu umgekehrten Sinn, aber mit dem gleichen Ergebnis, sich ein winterlich-festliches nordeuropäisches Image zu geben bemühen: mit griechischen Versionen von „O Tannenbaum" („O Élato"), künstlichen Zweigen und schimmernden Schneekristallen aus Styropor.

Man wollte so gern überall dabei sein. Wenn man hingekommen wäre. Da streikten erst die Busse, dann drei Tage lang auch die Metro, die „Elektrische" und die Tram. Stundenweise, doch über Tage hin kamen die Taxis hinzu. Einen ganzen langen Tag und eine Nacht lang keine Züge und keine Flugzeuge. Rundfunk und Fernsehen wussten nichts über die Dauer dieser Zustände zu melden, weil die Journalisten streikten – mehrere Tage lang. Wer sich in der Notlage auf sein Auto verließ, um doch noch im Kreise seiner Freunde irgendwo Weihnachtsatmosphäre zu schnuppern, saß erst einmal genervt und schlecht gelaunt statt *in dulci jubilo* lobsingend schimpfend und fluchend im unendlichen Stau fest.

Wir schreiben Jahr Zwei der „Krise", und die vorweihnachtliche Glitzerwelt ist bescheidener geworden. Die Staatsschulden und die strenge Sparpolitik, von Europa verordnet und in ihren Konsequenzen immer mehr ins Bewusstsein der Menschen rückend, verändern die stillen, aber frohen Tage der Vorweihnachtszeit, machen die Atmosphäre in der Innenstadt schrill und bedrückend. Kleine und große Demonstrationszüge versperren die Wege zum Ziel für die Weihnachtsbummelnden, und die berechtigte Furcht der Passanten, dass sich die Proteste gegen die Sparpolitik gewaltsam entladen könnten, haben im Zentrum auch die Seitenstraßen entleert, wo eine ganze Armada von Polizisten mit Helmen und Schilden wartet, ob der Friede auf Erden sich zum Krieg in den Straßen entwickelt …

Doch siehe da: Die meisten Athener lassen sich dennoch ihr Fest nicht nehmen! Bei den Weihnachtsveranstaltungen wartete man überall geduldig auf Gäste und Publikum, ein jedes Programm begann mit Verspätung, aber es begann. Denn schließlich kamen sie. Ließen sich tatsächlich nicht abhalten, sondern schafften es trotz aller Widrigkeiten, „ihre" Weihnachtsfeier zu erreichen. Zuerst tröpfelten sie ein, zögernd, und später strömten sie in Scharen herein und füllten die Säle. Aller Probleme zum Trotz, trotz Wirtschaftsnot und Zukunftssorgen: Weihnachten, Musik und Licht, Stimmung und Geselligkeit wollte man sich nicht nehmen lassen. Zwar schien es, als strahlten weniger Lichterketten in Athens Straßen, so gab es sie doch immer noch. Und wo sie leuchteten, rot und lila, silbrig und golden, wirkten sie in ihrer Vereinzelung intensiver als sonst und brannten trotzig gegen die schlechten Umstände an, als wollten sie die Hoffnung auf bessere Zeiten bewahren.

Weihnachtseinkäufe verlegte man kurzerhand auf die äußeren Stadtteile, ins eigene Wohngebiet. Wieder einmal erwies sich Athens dezentrale Infrastruktur als günstig, wo

Kinderspaß zur Weihnachtszeit im Athener Zentrum

viele Stadtgemeinden mit eigenen Geschäftszentren um ihren Hauptplatz, die „Kentrikí Platía“, einen breiten Gürtel lebhafter Viertel um die nun entleerte Mitte bilden. Wer allerdings im Zentrum wohnt, nutzte geschickt und geschwind ruhigere Stunden und wagte sich mutig auch in die „heiße“ Zone rund um den Sýntagma-Platz. Niemals, so berichtete mir eine Bekannte begeistert, habe sie so angenehm in der Ermoú-Straße einkaufen können. In jedem der Geschäfte, das sie betrat, sei sie als Kundin die Königin gewesen, bevorzugt beraten und bedient von Verkäuferinnen, die sich sichtlich über ihr Kommen freuten. Und am verkaufsoffenen vierten Adventssonntag, als Metro und Busse wieder fuhren, war Athens Innenstadt, wie in jeder Vorweihnachtszeit, voller fröhlicher, paketbeladener Familien.

Manches gibt es überall ...
und dann doch ganz anders

Die Mittelmeerküche mit ihrem reichen Gebrauch von Olivenöl, Gemüse und Meeresfischen, und noch einmal mehr die griechische, gilt als besonders gesund und wird von Ärzten auch für andere Breiten zur Nachahmung empfohlen. Denn in Griechenland werden viele Gemüse- und Fischgerichte sacht gebacken oder gedünstet, wird reichlich und intensiv mit Zitrone und Knoblauch gewürzt, haben auch wild wachsende Pflanzen und Gewürze einen festen Platz auf dem täglichen Speisezettel, ebenso wie Käse und Joghurt, bilden Kohlehydrate in Gestalt von Reis oder Teigwaren weniger kompakte Beilagen als vielmehr sanfte Ergänzungen in Form von Füllungen oder stützenden Zutaten. Schieres Fleisch wurde früher eher ausnahmsweise gegessen oder war gar Festtagen vorbehalten. Heute sind die Griechen leider auch im Fleischverbrauch in Europa vorn: Sie lieben Gegrilltes.

Die Landesspezialitäten, die als Grundlage vieler Nationalgerichte bzw. als festes Zubehör des typischen griechischen *Trapézi*, der gedeckten Tafel, dienen oder den landestypischen Geschmack abrunden, werden zwar (fast) überall im Lande geerntet, hergestellt oder verwendet, sind jedoch jeweils in bestimmten Gegenden von besonderer Qualität oder haben dort ihren Ursprung: Überall zu Hause sind das Olivenöl, der Féta-Käse, die Tomaten, Zitronen, Oliven, die *Chórta* (Wildgemüse) und der Oregano, Hülsenfrüchte, der Píta-Teig, das *Kritharáki* (reisförmige Nudeln) oder die *Chilopítes* (hausgemachte kurze Bandnudeln), als Getränke Wein, mit und ohne *Retsíni* (Pinienharz), Oúzo oder schlichtes Wasser, für den Nachtisch Joghurt mit Honig, die Fastensüßspeise *Halvás*, *Karydópitta* (Nusskuchen mit Sirup), *Galaktobúreko* (eine Art schnittfester Pudding in sirupgetränktem Blätterteig), das *Glykó tou Koutalioú* (süß eingekochte Früchte, einzeln mit dem Silberlöffelchen serviert) und zuletzt der „griechische" Kaffee ...

Doch unterscheidet sich der Geschmack all dieser urgriechischen Nahrungs- und Genussmittel von Gegend zu Gegend, wird hier und dort durch andere traditionelle Herstellungs- und Verarbeitungsverfahren oder Kochkombinationen verändert und verfeinert. So stammt das gehaltvollste Öl von Kreta, der Peloponnes oder der Insel Lesbos, wo auch der beste Oúzo herkommt, gilt der Féta vom Parnassós als besonders kräftig und cremig, wird sehr guter geharzter Wein in Attika gekeltert, das beste Tafelwasser in Zagóri, Loutráki oder Ándros in Flaschen gefüllt, findet man die delikatesten *Pítes* im Epirus, die feinsten Oliven in Kalamáta, den besten Halvás in Makedonien und das aromatischste *Loukoúmi* (eine Süßigkeit aus Stärke, Nüssen und Aromastoffen, besonders Rosenwasser) auf Sýros ...

Bestimmte Landesprodukte aber, die zu örtlichen, seltenen und eventuell überregional gerühmten Delikatessen geworden sind, werden jeweils nur an einem Ort bzw. auf einer Insel hergestellt: Mastixerzeugnisse auf Chíos, Kumquatfrüchte auf Korfu, sonnengetrocknete Tomaten auf Santorin und Chíos, Kichererbsen- und Kaperngerichte auf den Kykladen, besonders Sífnos. Räucherkäse kommt aus Métsovo, Ölkäse aus Mytilini, Käse zum Braten (Saganáki) aus Aráchova bei Delphi und Messenien, der Weinbrand Metaxá immer aus Attika, Sekt aus Rhodos, Rosenkonfitüre aus den Klöstern von Achaia, Süßwein von Sámos oder, als roter Mavrodaphne, aus Patras ... Gerade auf den weniger besuchten Inseln und in den einsameren Gebirgsgegenden bieten

Kein 0/815-Betrieb im Herzen der Stadt

die Tavernen noch nicht das 0/815-Essen aus *Tzatzíki*, Bauernsalat und *Britzóla me Patátes* (Kotelett mit Pommes frites) an, sondern manche köstliche regionale Spezialität. Besonders berühmt für seine eigene kulinarische Tradition ist Kreta, kretisch Essen liegt im Trend.

Griechenlandtouristen, die auch kulinarisch bewusst reisen, allerorten Neues oder auch schon Bekanntes in seinen Variationen erschmecken, machen jedoch immer wieder eine gleiche Erfahrung: Bei guter Zubereitung passen Land und Kost, Landschaft und Geschmack, das Aroma der Speisen und der Meeres- oder Bergluft einzigartig zusammen.

Das Olivenöl – heute so unentbehrlich wie einst

„To ládi den pachäni – Öl macht nicht dick", sagte meine Schwiegermutter in felsenfester Überzeugung und übergoss die Gemüsepfanne vor meinen fassungslosen Augen tassenweise mit Olivenöl. Damals lernte ich bei ihr gerade griechisch kochen, doch heute verwende ich, zwar sparsamer, selbst die dunkelgrün glänzende gehaltvolle Flüssigkeit nicht bloß als Brat- und Schmorfett (wobei man es allerdings nicht zu stark erhitzen darf), sondern als das, was es in Griechenland eigentlich hauptsächlich ist: eine unentbehrliche Zutat, die auch dem allereinfachsten Gericht Geschmack gibt. Wie könnte auch die Frucht eines göttlichen Baumes, der seit Jahrtausenden den Menschen im Mittelmeerraum geheiligt ist, irgendeinen Nachteil und wenn nur in Form von überzähligen Kalorien bringen?

To ládi meint ausschließlich das Öl der Olive; andere Pflanzenöle, wie sie sich reichlich auch in den Regalen der griechischen Supermärkte finden, sind im Sprachgebrauch jedenfalls nicht *das* Öl, das echte, das wirkliche, das gesegnete. „Hast du Olivenbäume, so hast du Sicherheit", denn Ölvorräte – so lehren dich hierzulande die durch Krisen, Kriege und Hungersnöte gegangenen Alten – lassen dich immer überleben. Deshalb haben sie auch in der Großstadt Athen durchaus ihren Platz in den Gärten, in den Grünanlagen und Parks und sogar auf Bürgersteigen. Der Gehweg unserem Haus gegenüber grenzt an einen Park, und auf ihm sind über die ganze Länge der Straße Olivenbäume gepflanzt. Sie sind Gemeindeeigentum und gehören damit der Allgemeinheit. Wenn die Früchte im Winter herangereift sind, darf jeder Passant sie pflücken, und so sieht man manchen Nachbarn auf Zehenspitzen sich zu den gut gefüllten Zweigen recken, und hin und wieder steigt einer sogar auf die Leiter – meist ein Freizeitvergnügen noch rüstiger Rentner.

Das beste Olivenöl ist das jungfräuliche, das erstgepresste. Es ist das substanzhaltigste, schwerste, dunkelste und aromatischste. Mehr als nur ein Lebensmittel ist es Gewürz, Arznei, Balsam. Wer Gelegenheit hat, es frisch direkt von der Ölmühle zu erwerben, genießt eine Delikatesse, wenn er es, leicht gesalzen, mit frischem Brot auftunkt.

Wird der Pressvorgang öfter wiederholt oder werden Öle miteinander vermischt, so nimmt die Qualität ab. Am substanzreichsten ist das Öl des ersten Durchgangs, gepresst bei einer Temperatur, die nicht höher als bei 33 Grad Celsius liegen darf: Nur dann verdient es die amtliche Bezeichnung Virginöl, kaltgepresst – ein Gütesiegel. Auf den Etiketten der Ölbehälter ist auch der Säuregrad angegeben, der möglichst niedrig sein soll, nach den gesetzlichen griechischen Bestimmungen darf er die 3,3 Prozent nicht übersteigen. Beträgt er ein Prozent oder weniger, handelt es sich um Spitzenöl. In Griechenland werden Virginöle produziert, deren Säuregehalt sogar unter 0,5 Prozent liegt. Nach neueren Untersuchungen ist das Olivenöl nicht nur das gesündeste im Sinne von best verträglichem Fett, sondern hat wahrscheinlich sogar therapeutische Wirkung: Besonders bei ernährungsbedingten Stoffwechselstörungen wird es empfohlen. In allen Ländern rings um das Mittelmeer bildet es den Hauptanteil der Fette in der menschlichen Ernährung. Doch den höchsten Pro-Kopf-Verbrauch an solch reinen Olivenölen hat Kreta, und dort dominieren sie vollkommen den Charakter der Landesküche: Mit Olivenöl wird gedünstet, gebacken und gebraten, werden Féta-Käse und Tomaten übergossen. Und tatsächlich: Olivenöl über einen Bauernsalat mit gartenfrischen roten Tomatenscheiben, scharfen Zwiebelringen und weißen Schafskäsewürfeln rinnen zu sehen, beschert sinnliches Vergnügen schon vor dem Essen ... Das bei welcher Speise auch immer auf dem Teller verbleibende Öl mit Brot aufzutunken, ist keine Anstandssünde, sondern eine Selbstverständlichkeit, und die Taverne, die mit Öl spart, besucht man nicht mehr ...

Und immer noch erfüllt Olivenöl genau wie in der Antike auch andere Zwecke, dient nicht allein der Ernährung: Als Zusatz zum Badewasser ist es ein seit Urzeiten bewährtes Schönheitsrezept königlichen Ursprungs. Auch werden seit der Frühgeschichte der Menschheit bis in unsere Tage kleine Lichter, die ruhig, stetig und gefahrlos glimmen sollen, am Olivenöl entzündet – in Ikonenhäuschen am Wegrand, auf Gräbern und als verlässliches Nachtlicht. Dass Öl brennbar ist und Licht entfachen kann, bildet eine der Grundlagen für seine religiöse Bedeutung. Das Olivenöl und seine Transzendierung im Licht stellt die symbolische Verbindung zwischen den körperlichen Bedürfnissen der Menschen und dem Heilsversprechen für ihre Seelen dar. Dem orthodoxen Glauben nach ergänzt es so die Leben spendende biblische Dreiheit Wasser, Korn und Wein, die sich in Taufe und Eucharistie ebenfalls zu geistigen Werten wandeln können. Deshalb wird in der Kirche nur Olivenöl von höchster Reinheit verwendet. Salbungen mit Öl bei der Segnung von Täuflingen und Sterbenden sollen den Bund mit Gott vertiefen, und in der ewigen Lampe vor der Ikonostase, aber auch in schlichten Hausaltären symbolisiert das Öllicht das Ewige Leben.

Unser Olivenöl! Die grüne Farbe – ein Zeichen für Qualität

Wasser und Brot

„Oúte neró, oúte psomí" – „Weder Wasser noch Brot" hätten sie dort, berichtete mein Schwiegervater nach seiner ersten Deutschlandreise. Es war und blieb ihm unbegreiflich, dass die elementarste griechische Erfrischung und das für ihn zum Auftunken von Olivenöl oder *Tzatzíki* ein Leben lang unverzichtbare Weißbrot anderswo entbehrlich sein konnten. Brot und Wasser gehören in Griechenland zu jeder Mahlzeit und werden in den Tavernen sofort serviert. Die gläserne Karaffe muss dicht beschlagen sein von der Kälte des Wassers, und das Brot kommt im ganzen Stück, wobei die einzelnen Scheiben nur angeschnitten sind, damit der Gast erkennt, dass man ihm einen frischen Laib und nicht etwa Reste aus anderen Körbchen auftischt. Brot darf man hierzulande auch im kultiviertesten Restaurant unbekümmert in Saucen und Pürees eintunken. Es bildet eine Grundlage für manches landestypische Kochrezept, wie z. B. die hausgemachte *Skordaliá*, die Knoblauchsoße, oder die *Taramosaláta*, ein Püree aus Fischrogen. Der Kauf des frischen Brotes, dessen Duft frühmorgens ganze Dörfer füllt, ist ein festes tägliches Ritual und oft Aufgabe der Kinder, die dann die Hälfte schon aufgefuttert haben, bis sie nach Hause kommen.

... wie das Salz in der Suppe

Brot wird vom Priester gesegnet, und an bestimmten Festtagen mit einem kirchlichen Teigstempel geweiht. Dass man bei der Eucharistiefeier wie in den westlichen Konfessionen Oblaten statt Brot verwenden könnte, ist in Griechenland undenkbar, und schon kleine Kinder kauen, sowie sie getauft sind, andächtig ihr Brotstück vor der Kirchentüre und passen auf, dass kein Krümelchen dieses geweihten Brotes verloren geht.

Mindestens in gleicher Weise kostbar ist in dem heißen Lande das Wasser. Wo immer es aus der Erde sprudelt, wird es in Rohre, Brunnen und Tröge gefasst, und wer im Sommer über Land fährt und durstig ist, hat es nicht weit, bis er solch eine *Vrýssi*, einen einfachen mauerumgebenen Wasserhahn oder eine ganze Brunnenanlage findet, um sich zu erfrischen. Ein Ort gilt als besonders „schön", wenn dort üppig Wasser fließt und rauschend über Steine springt ... Eine solche Stelle ist meist von Platanen und Kastanien umgeben, eine Oase aus grünen Baumkronen. Manche Quelle gilt als wundertätig und ihr Wasser wird in Becher, Flaschen, ja Kanister geschöpft, nach Hause getragen, so etwa im Wald beim Kloster Kässarianí im Athener Hymettos-Gebirge.

Kein Oúzo, Kaffee oder Eis, keine Süßigkeit wird ohne Wasser serviert. Zum Dessert gereicht, bildet Wasser den Abschluss jeder Mahlzeit, – aber auch den Anfang jeder Gastlichkeit, wenn es dem Besucher als erste Erfrischung gereicht wird. Leider werden in den Restaurants die dicht beschlagenen, schon durch ihr Aussehen erfrischenden Wasserkaraffen immer mehr durch industriell abgefüllte Plastikflaschen ersetzt, obwohl das griechische Leitungswasser mit wenigen Ausnahmen Trinkqualität hat.

Die Süßigkeit

Auf die Frage: „Thélis glykó?" folgt mit Sicherheit die Gegenfrage: „Ti glykó?", also: „Willst Du eine Süßigkeit" – „Was für eine Süßigkeit?". Denn der für die griechische Gastronomie und für die Gastlichkeit gleichermaßen wichtige Begriff *to glykó* umfasst eine große Variationsbreite, die von in Sirup eingekochtem Obst, der Schokoladenpraline, dem Mandelsplitter, der zuckrigen Vanillepaste oder dem Petitfours bis zum großen Kuchen reicht. Jede gute griechische Hausfrau hat mindestens eine, am besten selbstgemachte Süßigkeit vorrätig, um auch plötzliche Besuche gebührend empfangen zu können. Ist der Gast geladen, möglicherweise zum großen *trapézi*, zum Mahl, und wird er für die Dauer eines ganzen Nachmittags oder Abends zu Besuch sein, so erhält er zunächst unweigerlich eine kleine Süßigkeit als Willkommensgruß. Denn das *glykó* ist symbolisch das, was vielleicht andernorts Brot und Salz ausdrücken: eine Geste der Gastlichkeit. Sie gibt dem Besucher zu verstehen, dass seine Anwesenheit als süß empfunden wird. Deshalb reicht eine Winzigkeit: etwa das typische *glykó tou koutalioú*, die Süßigkeit vom Löffel, die mit einem Teelöffel auf dem Silber- oder Kristalltellerchen gereicht wird. Sie besteht aus kandiertem oder in Sirup eingekochtem Obst, – fünf Kirschen, einer kleinen Feige, einer Walnuss, Streifchen von Quitten- oder Bitterorangen, aber auch süß eingelegten grünen Tomaten und unreifen Auberginen, und sie wird – immer und unbedingt – mit einem Glas kühlen Wassers serviert.

... dem kann sich keiner entziehen

Das Wasser dient als erste Erfrischung für jeden, der den Weg nicht gescheut hat, diesen süßen Besuch zu machen, und stillt zugleich wirksam den beim Genuss dieser fast ausschließlich klebrigen oder jedenfalls sehr süßen Süßigkeiten unweigerlich auftretenden Durst. Die Löffelsüßigkeit – dazu gehört auch das auf dem Löffel bereits im Wasserglas schwimmende *ypovrýchio*, das U-Boot, eine klebrige, zähe Vanille- bzw. Mastixmasse, die im Sommer angeboten wird – wird dem Gast ungefragt offeriert. Weil sie eine so ganz selbstverständliche Aufmerksamkeit ist, kann er sie nicht zurückweisen, besonders dann nicht, wenn die Hausfrau die Leckerei selbst zubereitet hat – vielleicht nach einem Hausrezept oder als regionale Spezialität. Die größte Tradition in der Herstellung solcher Süßigkeiten und insbesondere derjenigen, die Mastix als Basis haben, hat die Insel Chíos, wo zahlreiche Familienbetriebe von dieser Produktion leben. Doch findet man besonders gutes *loukoúmi* – mit Rosenwasser, Minze, Mastix- oder Citrusfrucht-Aroma pomadisierte Würfel aus Stärke, Zucker und Nüssen – auf der Insel Sýros. Rosenblattkonfitüre, kandierte Kirschen und Feigen sind Spezialitäten der Peloponnes, Kumquats, das sind Zwergorangen, sind auf Korfu zu Hause und Leckereien aus Nüssen auf Kreta und ... und ... und ... – aber das sollte man am besten selbst ausprobieren.

Küchenmythologie

Als ich neulich für die Zubereitung eines deutschen Gerichts Lorbeerblätter brauchte, waren sie mir ausgegangen! Kein Problem: Ich brach im Garten drei duftende, frische direkt vom Bäumchen, das dort ganz von allein gewachsen war. Eines Tages hatten wir es entdeckt, nicht weit vom Beet mit kleinblättrigem griechischem Selleriekraut sowie der Rosette mit der Minze und dem Rosmarinstrauch. Diese Küchenkräuter stehen bei uns zwischen Zitronenbäumen und dem feuerrote Früchte tragenden Granatapfelbaum. Weitere Gewürzpflanzen gedeihen auf meinem Balkon im Kräuterkästchen – glatte Petersilie, Dill, Zitronenmelisse und großblätteriges Winterbasilikum. Nun, Küchenkräuter im Garten oder im Blumentopf zu ziehen, ist ja an sich nichts Besonderes, sondern ein Hobby, das man überall gerne pflegt, und das Klima der jeweiligen geographischen Region bestimmt die botanische Art ... Aber für mich ist es immer noch etwas ganz Besonderes, hier Pflanzen und Früchte frisch zu ernten, die nördlich der Alpen als Exoten gelten, von weit her importiert oder nur getrocknet angeboten werden.

Was griechische Gewürzkräuter von denen anderer Nationalitäten unterscheidet, ist ihre mythologische Dimension. Jedes Mal, wenn ich, mit der Schere in der Hand, im Garten unterwegs bin, um irgendein duftendes Büschel abzuschneiden, kommen mir allerlei bedeutende Gedankenassoziationen in den Sinn. Nehmen wir z. B. das Selleriekraut (to sélino), in deutschen Landen ein banaler Bestandteil des Suppengrüns, bei dem sich kein Mensch etwas denken wird, wenn er es in die Brühe schnippelt. In Griechenland jedoch wird mir das Kleinschneiden der gefiederten Blättchen fast zur ehrwürdigen Handlung! Weiß ich doch: In der Antike gehörten sie zu einer Kultpflanze, die im Festritus chthonischer Gottheiten wie der Demeter und der Persephone und bei Totenfeiern eine Rolle spielte. Beide Göttinnen wurden nicht nur im griechischen Mutterland (Eleusis), sondern besonders auch in den Stadtkolonien Siziliens verehrt, – Selinunt ist nach dem dort im gleichnamigen Flusstal wachsenden Sellerie benannt. In Neméa auf der Peloponnes wurde der Ort, wo ein Königskind auf einem Bett aus Wildem Sellerie am Schlangenbiss starb, zum Heiligen Hain erklärt. Und in den dort ausgetragenen panhellenischen Festspielen bekränzte man die Sieger der Wettkämpfe mit Sellerieblättern! Die dem Sellerie verwandte Petersilie (petrosélino = Steinsellerie – interessanterweise benutzt fast ganz Europa den alten griechischen, die Griechen aber den türkischen Namen: *maidanós*) ist heute noch Bestandteil der *Kóllyva*, der den Trauergästen anlässlich von Gedächtnismessen dargereichten Süßspeise. Ihre grünen Blättchen sind neben den gekochten Weizenkörnern und den Granatapfelkernen Symbole der Hoffnung auf Leben.

In Delphi war es kein Sellerie-, sondern ein Lorbeerkranz, der den Gewinnern der Pythischen Spiele aufs Haupt gesetzt wurde. In den makedonischen Königsgräbern fanden sich goldene Lorbeerkränze für die Ewigkeit, und in Rom trug jeder siegreiche Feldherr im Triumphzug einen Lorbeerkranz, den er dann feierlich auf dem Kapitol opferte. Von da aus hat sich der Lorbeer als Sieges- und Ruhmessymbol fast über die ganze Welt verbreitet. Die herb duftenden Zweige hatte der Gott Apollon in Delphi persönlich geheiligt und ihnen prophetische Kräfte verliehen. Von der Pythia ist bekannt, dass sie, während sie weissagte, Lorbeerblätter kaute. Für Apollon bedeutete der Lorbeer offensichtlich so etwas wie das Souvenir einer verlorenen Liebe: Um sich seiner leidenschaftlichen

Zudringlichkeiten zu erwehren, hatte sich die frei durch die Wälder streifende Nymphe Daphne in einen Lorbeerbaum verwandelt. Der Name des Baumes wie auch des Gewürzes - *dáfni* - ist auch heute noch zugleich ein Mädchenname. Auch gibt es unzählige Ortschaften, die sich Dáfni (oder Dafní) nennen und damit an einstige Heiligtümer des Apollon erinnern, die stets einen Lorbeerhain besaßen.

Eine andere uralte Würz- und Heilpflanze, die sich mit hohen und zarten gelben Blütendolden im Frühsommer noch immer an Feldrainen und Straßenrändern wiegt und sehr häufig Pate für Ortsnamen stand, ist das *máratho*, das Fenchelkraut. Auf der Insel Tínos beherrscht der wilde Fenchel mit seinem herben Aroma die einheimische Küche: *Marathokeftédes*, Fenchelbrätlinge, aus Mehl, Zwiebeln und Fenchelkraut sind dort eine beliebte Vorspeise ebenso wie die mit der Pflanze pikant gewürzten Bratwürste. Der berühmteste nach dem Fenchel benannte Ort ist natürlich das Dorf Marathón(as), 42 Kilometer vor der Hauptstadt, wo die Athener 490 v. Chr. die Perser besiegten und, indem sie die gute Botschaft per Schnellläufer nach Athen schickten, ahnungslos einen weltumspannenden Massensport gründeten. Es ist aber keineswegs der einzige dieses Namens, eine häufige Variante ist außerdem Marathókampos. Beides bedeutet Fenchelfeld, denn sie alle waren einst in Hülle und Fülle von Fenchelstauden umgeben oder sind es noch …

Der Lorbeerbaum in unserem Hof

Heiß und Kalt bei 37 Grad im Schatten

Meine arme Mutter, zu Hause in Deutschland, zu Besuch in Griechenland, servierte uns einmal eine heimatliche, saarländische Suppe, die dort Schnibbelchesbohnesupp heißt, zubereitet aus den knackfrischen grünen griechischen Sommerschnittbohnen – griechisch *fassolákia* – mit Rindfleisch und Zwiebeln in goldener Bouillon – und vor allem richtig schön heiß. Im Juli. Bei einer Außentemperatur von schätzungsweise 37 Grad im Schatten. Nachdem wir schreiend aufgesprungen waren, unsere brennenden Münder zu kühlen, gewöhnte auch sie sich langsam an die lauwarme bis kalte griechische Küche, die mitteleuropäische Griechenland-Ersturlauber zur Verzweiflung bringt. Gelingt es ihnen doch selten, den Tavernenwirten begreiflich zu machen, dass in Öl schwimmende Gemüse, frittierte Käsetaschen oder Kalamári nur heiß zu genießen seien, wo jene selbst doch von frühester Kindheit an wissen, dass kein Mensch brandheißes Essen verträgt, dass man vielmehr geduldig warten muss, bis die Pommes frites – *Patátes tiganités* – gebührend abgekühlt sind, während die gefüllten Tomaten eiskalt aus dem Kühlschrank als durchaus bekömmlich gelten, vielen Griechen sogar besser munden als ofenheiß ...

So hat es der verstörte Tourist, der in den erkalteten Nudeln seines *juvétsi* herumstochert, also keineswegs mit Gleichgültigkeit, Unkenntnis oder mangelndem Service zu tun, sondern mit einer landesspezifischen Gewohnheit, die klimabedingt auf jahrhundertealter Erfahrung beruht und gewiss sogar, wieder einmal ihre Wurzeln in der Antike hat! Oder sollte etwa Hippokrates, der von den Göttern selbst unterwiesene Arzt, nicht gewusst haben, dass man seine Eingeweide in der Sommerhitze nicht durch kochende Speisen belasten darf? Zum Trost wisse der Urlauber, dass er mit seinen Bohnen in lauwarmer Tomatensoße im Unterschied zum brutzelnden Kotelett ein typisches Landesgericht verzehrt.

Vielleicht aber sind die abgekühlten Speisen eine heimliche Erfindung der Hausfrauen, die den größten Nutzen von dieser Landessitte haben: Können sie doch die Mahlzeiten zubereiten, wann immer sie wollen, ohne sie dann wieder aufwärmen zu müssen. Und welche Weisheit bezüglich der Harmonie ehelicher Tischgemeinschaften, denn in Griechenland erwartet keinen Mann häusliches Schimpfen, weil er zu spät kommend das Essen kalt hat werden lassen ... Werden Gäste erwartet, so gibt es weder Aufregung noch Hektik, und die Gastgeberin hat in aller Ruhe Zeit, sich fein zu machen.

Doch kann man immer öfter beobachten, dass sich das Bild in den griechischen Lokalen gewandelt hat. Offensichtlich hat sich die griechische Gastronomie endlich den internationalen Ansprüchen angenähert, und man sieht nun zufriedene Touristen genüsslich kauen, während einheimische Gäste jedem Bissen verzweifelt kaltes Tafelwasser hinterher schütten.

Saison für edles Gemüse

Irgendwann im Februar, manches Jahr früher, manches später, haben wir zum ersten Mal Artischocken auf unserem Mittagstisch. Ähnlich wie in Mitteleuropa der Spargel sind sie ein ausgesprochenes Saisongemüse. Nördlich der Alpen mutet es immer noch exotisch an – außer in Frankreich. So war es auch im französischen Grenzbereich meiner deutschen Heimat, wo ich, vor Jahren, noch als Jugendliche, in einem Restaurant zum ersten Mal eine Artischocke verzehrte, die mir als Vorspeise serviert wurde. Das war etwas völlig anderes als das Eintopfgericht, das hier in Griechenland zubereitet wird. Man brachte mir die gegarte – eine einzige! – Artischocke in ihrer ganzen grünen halbwegs weich gekochten Starrheit auf einem Teller, dazu ein Schälchen zitronenverziertes warmes Wasser und allerlei Soßen in kleinen Schüsselchen: Ich hatte dann die Blättchen der Artischocke einzeln abzuzupfen, in die Tunken zu tauchen und auszulutschen, hin und wieder meine Finger im Zitronenwasser zu spülen und zum Schluss den Artischockenboden mit Messer und Gabel zu verspeisen. Ich weiß noch, dass ich das ausgesprochen schick und vornehm fand.

Als ich – es war im Monat März – dann zum ersten Mal eine Reise nach Griechenland unternahm, war noch Artischockenzeit, und die *estiatória*, die Athener Stadtrestaurants, hatten das klassische Gericht *Angináres à la políta* (Artischocken nach Konstan-

Artischocken beim Gemüsehändler

tinopler Art) im Angebot, das man damals noch in der Küche des Lokals im Kochtopf inspizieren konnte, der anschaulichsten Speisekarte. Ich war bitter enttäuscht. Zu prosaisch, zu gewöhnlich erschien mir das Gemenge aus in Öl zusammengekochten Artischockenböden, Karotten und Kartoffeln: Das aristokratische Gewächs zwischen banalen Alltagsgemüsen. Wie konnte man nur …!

Erst allmählich lernte ich den abgerundeten Geschmack im Verbund der edlen Saisonfrucht mit den beiden ganzjährigen Grundgemüsen und dem Zusammenspiel eines Würzsuds aus Olivenöl, Dill und Lauchzwiebeln zu schätzen. Heute finde ich griechische Artischocken *à la políta* ähnlich köstlich wie etwa die oben genannten Spargel – ein Gericht, hierzulande auch bestens geeignet für die Fastenzeit, weil es sättigend, nicht belastend, mit dem hohen Anteil an Kalzium und Vitaminen (A,B1,B2 und C) sehr gesund und reich im Geschmack ist. Doch auch zu Lammfleisch passt die Artischocke gut, und statt der Karotten kann man auch Erbsen verwenden.

Ihrer Natur nach ist die Artischocke ein „distelartiger Korbblütler" auf bis zu zwei Meter hoher Staude, man isst also eine veredelte Distelblüte, lange vor dem Aufbruch der Knospe. Am kräftigsten und aromatischsten schmecken die kleinen, sehr stacheligen wilden Artischocken (ágries anginâres), die man etwas später auf dem Markt findet. Wir lernten sie kennen durch Nachbarn unseres Ferienhauses, eine Schäferfamilie. Ich nahm das „Wilde" allerdings wörtlich und dachte, „was die Schäferin kann, kann ich auch" und machte mich ans Sammeln der kleinen Igelfrüchte auf hohen Stängeln, die im März ringsum in Hülle und Fülle heranwachsen. Mühsam legte ich unter den harten Stacheln die winzigen Artischockenböden frei und kochte sie, doch sie waren bitter und ungenießbar. Die Schäferin, die ich um Rat fragte, wollte sich ausschütten vor Lachen: Hatte ich doch pure Disteln zubereitet – denn auch wilde Artischocken stammen – das musste ich nun lernen – aus dem Anbau!

 Tanz zum Fest der Artischocke im Dorf Íria in der Nähe von Nafplio

Last und Lust der Sommerfrucht

Die Spur lässt sich fast durch die ganze Wohnung verfolgen: wässrige rosafarbene Tröpfchen, die, wenn sie getrocknet sind, klebrige Flecken bilden. Von der Veranda, dem Wohnzimmer des Sommers, führen sie quer über den Marmorboden, der, nachdem die Teppiche in ihr Sommerquartier geräumt sind, gerade frisch poliert worden ist. Über die Fliesen der Küche wandert die Spur bis genau vor den Kühlschrank. Die pappigen Tröpfchen – man kann es erraten – sind dadurch entstanden, dass jemand eine Wassermelonenschnitte ohne oder auf schief gehaltenem Teller durch die Wohnlandschaft trug. Die Wassermelone, das *karpoúzi*, ist das beliebteste Obst des griechischen Sommers, Inbegriff köstlich kühlender Erfrischung – ob spät abends auf der Veranda oder in der heißen Sonne am Meer: Ihr rosarotes Fruchtfleisch schmilzt auf der Zunge wie Schaum dahin und verwandelt sich dabei in den aromatischen, leichten Saft …

Das *karpoúzi* ist besonders beliebt bei Kindern und Ehemännern, die von diesem Obst Unmengen vertilgen können, was ja bei seiner Größe keine Schwierigkeiten macht, und wird auch dankbar entgegengenommen von plötzlich eintrudelnden Gästen. Das ist der Moment, wo die Hausfrau froh ist über ihren naturgemäß mächtigen Vorrat im Kühlschrank! Doch sonst hat sie eher Probleme mit dem grünen Riesenball und seinem saftigen Inhalt und führt für mindestens zwei, drei Monate einen nahezu täglichen Kampf.

Wassermelonen aus Amaliáda, 29 Cent das Kilo

Meist obliegt ihr schon die Aufgabe, die gewichtige Melone einzukaufen. Nachdem sie die Kugel nach allen Regeln der Kunst abgeklopft hat, ob denn das unsichtbare Innere auch die richtige Reife habe, wuchtet sie sie auf die Waage des Supermarkts, um dann zirka acht Kilogramm nach Hause zu bewegen. Eine schöne pralle Wassermelone passt natürlich der Höhe nach nicht zwischen zwei Regale des Kühlschranks, und da die Frucht ungekühlt nahezu ungenießbar ist, muss sie also mit einer Art Schlachtermesser halbiert werden – auch dies kein einfaches Unterfangen, zumal dabei schon die ersten Rinnsale auf Tisch- oder Schrankflächen laufen und dort zu zuckrigen Schlieren gerinnen. Danach füllen die beiden Karpoúzihälften satt ein ganzes Regal – und das, obwohl der Kühlschrank im griechischen Hochsommer eh schon überstrapaziert ist mit kaltem Wasser, Säften, Joghurts und anderen erfrischenden oder leicht verderblichen Lebensmitteln.

So groß und einzigartig die Frucht ist, so winzig und zahlreich sind ihre schwarzen Kerne, die nur lose im Fruchtfleisch haften und gern mit dem Saft davon schwimmen. Man findet sie dann ebenso wie die Tropfen einfach überall, auf Tellerrändern, wo sie festkleben und gern die Spülmaschine verstopfen, auf Tischplatten, Fußböden und in den Ritzen des Sofas! Diese an sich schon kleinen Teilchen zersplittern sich in allgegenwärtige Atome, wenn sie, wie so oft, von den Liebhabern der Karpoúzifrucht wie Nüsse zwischen den Zähnen aufgeknackt werden. Mir auch nach vielen Jahren in Griechenland nicht nachvollziehbar gelten die weißen Samen in den Kernen offenbar als besondere Delikatesse. Eine weitere, sozusagen gegenteilige Schwierigkeit bilden die gewaltigen abgenagten grünen Schalengerippe, die zu entsorgen sind und den Abfalleimer im Nu bis oben hin füllen.

Allerdings bietet, nach meiner Beobachtung bereits seit nunmehr etlichen Jahren, die moderne Entwicklung der Agrarbiologie Lösungen für meine Probleme an: Es gibt nun kernlose und Baby-Wassermelonen! Sie verhalten sich, jedenfalls der Größe nach, zu den traditionellen Früchten wie handliche Kinderbälle zu aufgeblasenen Wasserbällen, sind leicht zu transportieren, platzsparend und ganz schnell zu kühlen. Und doch gefallen sie mir nicht. Denn ihnen fehlt, vielleicht bis auf den Geschmack (?), einfach alles, was die Persönlichkeit der Wassermelone ausmacht: die pralle Fülle, der üppige Vorrat, das ganze vielversprechende strotzende Volumen, Kriterien, nach denen man sie sorgfältig auswählt … Denn jede Wassermelone, die auf herkömmliche Weise heranreift, ist ein Individuum.

Die Píta aus den Zagorachória

Das große Dorf Tsepélovo in Ost-Zagóri, Epirus, schmiegt sich in 1150 Metern Höhe wie ein Amphitheater in eine sanfte Bergmulde am Aufstieg zum Týmphi und herrscht von dort über steil abfallende bewaldete Hänge. Es ist ein lebhafter Marktfleck mit großer, von traditionellen Kafenía und vollgestopften Läden umstandener *Platía*, – eines der Zagorachória, die noch aus sich selbst heraus leben und sich nicht ganz dem Tourismus geweiht haben. Tsepélovo empfing uns mit betörendem, die ganze Luft erfüllendem Aroma frisch gebackenen Brotes. Wir versuchten, den Ursprung des Duftes zu orten und die Bäckerei zu finden: vergeblich. Schließlich traten wir in einen der Läden ein und fragten. Fast unglaublich die Antwort, mit der man uns beschied: Tsepélovo habe keinen Bäcker, alles Brot und auch alle andere Backware, die die Bewohner verzehrten, fertigten die Hausfrauen, Familienmütter, Großmütter ... selber. Die Überlieferung von Jahrhunderten – hier ist sie Alltag.

Und nicht das Brot allein ist ein köstliches Traditionsprodukt aus den Händen der Frauen: Gehütet als wertvolle Familiengeheimnisse werden die Rezepte für die *pítes*, die gefüllten Teigtaschen und kuchengroßen Pasteten, die in jener Gegend des Epirus besondere Spezialitäten darstellen. Wirken die Frauen in Küchen und Backstuben, so obliegt überhaupt die gesamte Gastlichkeit, die die Epiroten dieser schönen alten Dörfer dem zunehmenden Fremdenverkehr entgegen bringen, überwiegend den alt

Verwunschene Gasse in einem der 46 Dörfer der Zagorochória

eingesessenen Familien. Einst war jedes Dorf ein kaufmännisches Zentrum und eine wichtige Station auf der Haupthandelsroute zwischen Wien und Konstantinopel. Heute sind die stattlichen Herrenhäuser von einst häufig zu komfortablen Pensionen und stilgerechten Restaurants ausgebaut. So geraten die Reisenden unserer Tage wie die Handelsleute, die in vergangenen Zeiten hier Rast machten, reichlich in den Genuss dieser traditionsreichsten kulinarischen Köstlichkeit, die hier zu Hause ist: der *píta* in einer Vielfalt und Variationsbreite, die in ganz Griechenland nicht ihresgleichen findet. Zum Beispiel kann man sich in den Tavernen von Monodéndri oder Pápingo die wohlschmeckende *kassópita* munden lassen, die einzige griechische *píta*, die nicht im Backofen, sondern in der Pfanne aufgeht.

Was ist eine *píta*? Sie besteht aus einem in mehrfachen Lagen dünn geschichteten Teigboden, einem dickeren, stabilisierenden Teigrand und einer ebenso blättrig geschichteten Teigdecke, – und dazwischen dehnt sich eine köstliche Füllung! Diese kann sich aus verschiedenen Käsen, vorzugsweise regionalen Sorten aus einheimischen Käsereien, zusammensetzen (tyrópitta, kassópitta) bzw. Käse und geschlagenes Ei enthalten; sie kann eine Mischung aus Wildgemüse und Kräutern (chortópita) sein ebenso wie aus Spinat (spanakópita) und/oder Lauch (prassópita), aus Zucchini (kolokythópita), Zwiebeln (kremydópita) oder Pilzen (manitarópita), aber auch eine köstlich gewürzte Fleisch- bzw. Hühnerfleischfüllung (kreatópitta, kotópita) darstellen. Die besonderen Aromen der Zutaten aus der umgebenden Bergwelt, die eigenen Käse-, Kräuter- und Ölsorten, ja das reine Gebirgswasser spielen außer der überlieferten Fingerfertigkeit und den Details der privaten Familienrezepturen wohl die bedeutendste Rolle für die besondere Delikatesse der in ganz Griechenland gerühmten *pítes* von Zagóri. Enthält die *píta* eine Cremefüllung aus Gries, Eiern, Zucker und Milch, heißt sie *bougátsa*, eine süße Mahlzeit, die man an Imbissständen in ganz Griechenland erhält, die aber ebenfalls als besondere Spezialität des Epirus gilt.

Der vielschichtige Píta-Teig nennt sich *fýlo* – was Blatt bedeutet, doch hat er mit unserem Blätterteig, der Ei und Butter enthält, nichts zu tun. Seine Grundingredienzen sind Mehl, Salz, Wasser und Olivenöl; andere Zutaten, wie zum Beispiel Essig oder Trester, entstammen den erwähnten Küchengeheimnissen, die wie die Besonderheiten der Füllungen die Geschmackstraditionen von Zagóri ausmachen und von Haus zu Haus variieren können. Entscheidend ist, dass mehrere sehr intensiv geknetete Teigkügelchen sehr dünn ausgerollt und, jeweils durch Olivenöl oder Butter getrennt, übereinander gelegt nochmals gemeinsam ausgerollt werden. So hat der Teig, wenn er in die Backform, das *tapsí*, gelegt wird, schließlich die Konsistenz eines äußerst dehnbaren, reißfesten und hauchdünnen Tuches, das nach Belieben gebreitet und gefaltet werden kann; eines wird als Boden, ein anderes als Decke der Füllung benutzt, abgeschnittene Ränder können zu Verzierungen des Deckteigs dienen. *Fýlo* gibt es im übrigen Griechenland auch fertig, meist tiefgefroren, zu kaufen, doch, trockener und spröder, ist dieser Teig im Geschmack nicht mit dem hausgemachten, schon gar nicht dem aus Zagóri, zu vergleichen, der beim Backen immer knusprig und saftig zugleich gerät.

Das Ausrollen zu sehr dünnen Teigfladen gelingt nur mit ganz dünnen, aber mindestens 50 Zentimeter langen, besenstielartigen Rundhölzern, die, aus Obstbaumholz bestehend, ebenso fest wie elastisch sind, deren Handhabung jedoch erlernt und lange geübt werden will. Die geschicktesten Meisterinnen im Ausrollen sind deshalb immer die Großmütter, die, mit diesem Nudelholz in der Hand, symbolisch gesehen, in den Küchen von Zagóri immer noch das Zepter schwingen!

Die Pistazien aus Ägina

Seehandel und Fischerei, aber auch Landwirtschaft machten das antike Ägina reich, so dass die Insel im Saronischen Golf, direkt vor Athen gelegen, den Neid und die Habgier des attischen Stadtstaats erregte, der sich die Insel schließlich 456 v. Chr. aneignete und die Ägineten vertrieb.

Archäologen fanden auf Ägina ein bedeutendes Gipfelheiligtum des Wetter machenden Zeus und den berühmten, wunderbar erhaltenen dorischen Tempel der Aphaia samt seiner inneren doppelgeschossigen Säulenstellung und den (allerdings nach München „entführten") spätarchaischen Giebelfiguren. Aphaia war eine örtliche, ursprünglich aus Kreta „importierte" uralte Göttin. Auf der Insel stieß man aber auch auf steinerne Zeugen einer einst trotz extremen Wassermangels blühenden Agrarkultur: Terrassenmauern archaischer Felder, unterirdische Wasserleitungssysteme, gemauerte Kanäle für das Regenwasser, gedeckte Zisternen und turmbewehrte Gehöfte. Damals waren Hülsenfrüchte und Getreide, Feigen und Wein hier heimisch, aber erst vor zirka eineinhalb Jahrhunderten wurde eine ursprünglich für Ägina exotische Baumfrucht angesiedelt: die Pistazie (Pistacia vera).

Die schöne und interessante Insel mit ihrem reizvollen Hauptort, der 1826-28 den ersten neugriechischen Regierungssitz stellte, lockt Athener Wochenendausflügler und Hauptstadttouristen jeden Sommer in Scharen an. Die ersten Attraktionen, denen Ankömmlinge am Kai begegnen, sind, außer dem schneeweißen Àgios-Nikólaos-Kirchlein, der einheimische Obst- und Gemüsemarkt auf Booten und die Stände

Pistazien (unten rechts) und andere nussige Köstlichkeiten

der Pistazienbauern-Genossenschaft: Äginetische Pistazien sind die besten Griechenlands und spielen sogar auf dem Pistazien-Weltmarkt, den zu zwei Dritteln der Iran beliefert, eine kleine Rolle.

Wer mit dem Bus aus dem Städtchen ins Inselland hinausrollt, blickt über die geweißten Mauerbänder, die die Straße säumen, kilometerlang in die Pistazienhaine hinein. Erst spät im Frühjahr setzen die bizarr gespreizten Zweige fleischige grüne Blattbüschel an, in denen sich schließlich, wenn es sich um weibliche Bäume handelt, traubenartig geformte Fruchtstände ausbilden. In ihnen reifen die kleinen ovalen Nüsse, bis Ende Juli ihre hellen Holzhüllen aufspringen und den grünen, von violetten Häutchen überzogenen aromatischen „Kern“ hervorschimmern lassen. Die Früchte „lachen“, sagt man dann, und auch die Bauern lachen: Je mehr Früchte aufspringen, desto weniger Abfall wird es geben, denn die geschlossenen werden, wenn möglich, wie die leeren Holzhülsen aussortiert. Die männlichen und die weiblichen Bäume, die vom Wind befruchtet werden und nur jeden zweiten Sommer tragen, müssen in bestimmtem Verhältnis und Abstand angepflanzt sein. Ernte und Behandlung der reifen Nüsse Ende August, Anfang September sind aufwändig und arbeitsreich. Ähnlich wie früher die Oliven werden die Pistazien mit Stöcken vom Baum geschlagen und auf ausgebreiteten Planen gesammelt, danach kommen sie zuerst in ein Sonnen-, dann in ein Wasserbad, in dem sich leere Schalen von gelösten Kernen, die zu Boden sinken, trennen, bevor die Früchte erneut einem Trocknungsverfahren unterworfen werden. Auf zahlreichen Terrassendächern äginetischer Bauernhäuser sieht man sie dann in breiten Schichten, die immer wieder gewendet werden müssen, der Sonne ausgesetzt. Schalenlose Nusskerne wandern, so, wie sie gewachsen sind, in den Konditoreibedarf, in die Eisherstellung und in die Wurstfabrikation nördlicher Breiten, die anderen, geröstet und mild gesalzen, auf den Markt für *xirí karpí*, Trockenfrüchte. So zubereitet wird die „Grüne Mandel“, so ihre deutsche botanische Bezeichnung, zum delikaten Begleiter manchen Aperitifs oder feinen Drinks, aber man sollte auch die ungesalzene frische Pistazie probieren, wie sie in Griechenland genossen wird: eingelegt in goldenen Honig, unreif in Sirup als Löffelkonfekt oder als köstliche Füllung cremiger Petit-fours.

Blick in den Aphaia-Tempel auf Ägina

Zitrusfrüchte

Zitrushaine in Griechenland, – tiefgrünes Laub voller leuchtender Kugeln, ein Meer neben dem Meer. Ob am Fuß der Weißen Berge auf Kreta oder an den Küstensäumen des Golfs von Korinth, oder wo auch immer in milden Ebenen, durchdringt ihr strahlendes Gelb und Gold selbst den grauen und trüben Tag, gibt Regenschleiern die Illusion von Sonnenglanz. Denn die Sonne selbst scheinen sie eingefangen zu haben, mitten im Winter, in Farben, die Farben Namen gaben: Zitronengelb und Orange. Den Nordländer, der die Früchte erstmals im dichten Laubwerk ihrer Baumkronen erlebt, bewegt es wie ein Abglanz erfüllter Sehnsucht. Dem haben etliche deutsche Dichter Ausdruck verliehen, allen voran Goethe. Für sie wurde das Leuchten der Früchte, dem sie vor allem in Italien begegneten, zum Inbegriff des Gegensatzes zu Dunkelheit und Kälte. Süden und Wärme, Üppigkeit und Süße, Freude und Licht, uraltes Kulturland noch ungetrennt von Natur: All dies schwingt wie in einer Ahnung von Vollkommenheit in diesem dichterischen Sehnen mit. Wie Weihrauch und Myrrhe ließe sich die goldene Kugel der Orange als ein königlich südländisches Geschenk für das Christkindlein denken.

Die Blüten der Orangen-, Pomeranzen- und Zitronenbäume haben kleine weiße, feste und doch durchschimmernde, wie kunstvoll aus Wachs gebildete Kelche, die im beginnenden Frühling einen Duft verströmen, der aus Hainen und Gärten heraus weithin Land und Siedlungen und selbst ödeste Athener Stadtviertel einhüllt mit köstlicher, zugleich leichter und schwerer Süßigkeit. Kalamáta habe ich in solchem Duft erlebt und Chaniá, und von Chíos, wo die Zitrusbäume hinter hohen steinernen Mauern um elegante alte Villen stehen, sagt man, die Seeleute, die dort zu Hause sind, könnten ihre Insel am Duft ihrer Orangenhaine erkennen, lange bevor sie sichtbar wird.

Die Bäume stehen in Blüte, während schon die Früchte reifen, und dies gemeinsame Blühen und Tragen, Knospen und Prangen an einem Holz hat den Orangenblütenzweig zum Symbol eines immerwährenden, sich im gegenseitigen Geben und Nehmen erneuernden Miteinanders werden lassen: Der orthodoxe Brautkranz ist aus Zitronenblüten gewunden.

Bei geschickter gärtnerischer Handhabung kann ein Baum verschiedene Früchte tragen, – oft habe ich mit Staunen gesehen, dass der halbe Baum Zitronen und seine andere Hälfte Orangen hervorbringt, so, wie Kinder von einem Elternpaar doch meist ganz verschieden sind ... Unterschiedlich bei aller Ähnlichkeit ist auch ihr Geschmack, die aromatische Säure der Zitrone ist unvergleichlich anders als die Süßigkeit der ab Januar immer süßer werdenden Apfelsine, während die Mandarine die Frische der einen mit dem köstlichen Geschmack der anderen zu vereinen scheint. Das bittersüße, scharfe Aroma der Pomeranzen, griechisch *Nerántzia*, indes macht die Früchte selbst ungenießbar, die Schale veredelt jedoch Liköre, Marmeladen und Parfüms und ergibt als winterliches *Glykó tou koutalioú* eine pikante Delikatesse. In den Städten zieren Pomeranzenbäume die Gehsteige, und ihre leuchtend orangegoldenen Kugeln, die in Scharen ungepflückt zur Erde fallen, haben schon manche Touristen erwartungsvoll geschält, um sie nach dem ersten Biss enttäuscht wegzuwerfen – es ist eben nicht alles Gold, was glänzt ...

Zitrusfrüchte – fast immer im Angebot auf dem Gemüsemarkt

All diese verschiedenen Früchte vereint außer ihrer botanischen Sippenverwandtschaft ihre Saftigkeit, die das Fruchtfleisch bis zur Schale „ausbeuten" lässt, sowie ihr Reichtum an Vitamin C, – und das mitten im vegetations- und sonnenarmen Winter. Im Mai, wenn Kirschen und Aprikosen auf den Markt drängen, geht es mit den Orangen und im fortschreitenden Sommer auch mit den Zitronen zu Ende. Die griechische Küche mit ihren zitronengewürzten Grillspezialitäten, den Eierzitronensoßen (Avgolémono) über Weinblattrollen und in Fischsuppen leidet dann echten Mangel.

Lesbos: Und zum Oúzo Sardinen

Der Oúzo teilt sich mit dem Retsína und vielleicht auch dem Weinbrand „Metaxá“ den Ruhm, griechisches Nationalgetränk zu sein und hat hier wohl sogar den ersten Platz. Im Unterschied zu Touristen trinken Griechen, wie die Statistik ausweist, jedoch statt Oúzo zunehmend Whisky! Die Hochglanzwerbung für gewisse Oúzo-Sorten in internationalen Illustrierten beschwört in schöner Regelmäßigkeit neben dem Strohstuhl und dem tiefblauen griechischen Blechtischchen am ebenso tiefblauen Meer vor allem die weiß-blaue Kulisse der Kykladen mit schneeweiß gekalkten Mauern und blau gestrichenen Türen, Fensterläden, Kirchenkuppeln ... Doch die Heimat des griechischen Anisschnapses sind nicht die kargen Kykladen, sondern die größeren, ausgesprochen grünen Nordägäischen Inseln, vor allem Lesbos, die drittgrößte Insel Griechenlands. Aus Lesbos wird Oúzo in die ganze Welt exportiert.

Die Lagerhallen der Destillerien, deren bekannteste Unternehmen die Oúzo-Marken „Mini“ und „Plomaríou“ herausbringen, sammeln sich gemeinsam mit Ölmühlen und Fischvertrieben im Hafenbereich der Hauptstadt Mytilíni (Der insbesondere bei Deutschen beliebte Oúzo „12“ stammt aus Makedonien und wird hergestellt, indem eine bestimmte Kräutermischung mit fertigem Alkohol vermischt wird).

Nach dem antikem Namen der Stadt bezeichnet man in Griechenland gewöhnlich die ganze Insel als „Mytilíni“. Das umtriebige Städtchen, einst enger Wirtschaftspartner der levantinischen Handelsmetropole Smyrna, hat vielleicht keine bemerkenswerten Schönheiten, besitzt aber äußerst geschäftige, von Basargeist durchdrungene Straßen mit überquellenden dunkelbunten Läden und Magazinen in einem altertümlichen orientalischen Stil, einer bezaubernden Mischung aus Eleganz und Wirrwarr, sodass dort ein Spaziergang sowie natürlich eine Oúzo-Pause zum Erlebnis werden.

Oúzo, richtig serviert, muss von eiskaltem Wasser, damit sich jeder seine Mischung herstellen kann (aber niemals Eiswürfeln, da sich das Mischungsverhältnis sonst ständig ändert!), sowie von einem Imbiss begleitet sein. Als Ouzerí hat sich ein eigener Restaurant-Typ herausgebildet, in dem man solche kleinen pikanten Mahlzeiten zum Oúzo, der dort auch in stilvollen Portionsfläschchen offeriert wird, genießen kann: Besonders gut passen Meeresfrüchte und kleine Fische, Oliven, aber auch Schafskäse und Bauernbratwurst.

In der großen Bucht von Kalloní, in der Mitte der Insel, die der geographischen Form von Lesbos mit enger Einfahrt und sich weit dehnender Rundung ihre charakteristische, unverwechselbare Gestalt gibt, werden die besten Sardinen Griechenlands gefangen mit dickfleischigen und doch zarten Filets, die, ob frisch mit Knoblauch und Öl gedünstet oder mild eingelegt, in jedem Fall zum Oúzo ganz vorzüglich munden. Als besondere Spezialität gelten in Kalloní die frisch gefangenen und nur wenige Stunden in grobem Salz eingepökelten Sardinen. Der Fisch heißt in Griechenland übrigens „Sardélla“, was bei Nichtgriechen für einige Verwirrung sorgen kann: die Sardelle hingegen heißt „Gávros“ und gepökelt „Antzoúja“.

Mit Anis-Aroma versetzte Spirituosen sind im gesamten europäischen Mittelmeerraum bekannt, – von der Türkei (Raki) über Griechenland und Italien (Sambuco) bis Frankreich (Pastis). Das östliche Mittelmeer ist die botanische Heimat der Anispflanze, eines Doldenblütlers (Pimpinella anisum), die schon in der Antike als Heil- und Würzpflanze diente. Vielleicht entstand aus den Versuchen, die wertvolle Pflanze für Krankheitsfälle in Alkohol zu konservieren bzw. die aromatischen Öle per Alkoholdestillation zu extrahieren, irgendwann ein erster Schnaps, der dann nicht nur als Medizin, sondern auch als Genussmittel behagte. Dies geschah vermutlich schon in byzantinischer Zeit. Außer im Oúzo wird Anis heute in Griechenland auch in Backwaren und aromatisierten Süßigkeiten verwendet. Er ist z. B. eine wichtige Zutat für das *Christópsomo*, das Weihnachtsbrot. Nun ist Anis keineswegs das einzige Gewürz, das dem Oúzo zugefügt wird. Es handelt sich vielmehr um ein ganzes Gewürzbündel, dem u. a. auch Fenchel, Kardamon, Koriander oder Mastix angehören können und deren Zusammenstellung von einem Destillierbetrieb zum anderen differenziert ist und jeweils zu den streng gehüteten Betriebsgeheimnissen gehört. Schon der bei der Produktion verwendete Alkohol kann unterschiedlicher Herkunft sein, aus der Wein- oder Zuckerherstellung stammen, und auch das beeinflusst den individuellen Geschmack der einzelnen Oúzo-Marken.

Die Destillierbetriebe von Lesbos, die sich auf das zweitgrößte Inselstädtchen Plomári konzentrieren, gelten aufgrund traditioneller und ausgereifter Verfahrensweisen in mindestens drei Brennstufen landesweit als vorbildlich. Ihre Brennkessel sind aus reinem Kupfer, ein Material, durch das die Temperatur konstant gehalten werden kann, eine Hauptvoraussetzung für volle Aromaentfaltung.

Auf Lesbos, aber auch den anderen nordägäischen Schwesterinseln Sámos und Chíos kann man örtliche Oúzo-Sorten aus kleinen, familienbetriebenen Destillerien probieren, deren Rezepturen zum Teil noch aus alten Zeiten überliefert sind. Auf Chíos wird der Oúzo mit Mastix versetzt – doch dies ist ein anderes Kapitel.

Und zum Oúzo ein paar kleine Fische

Aale aus Messolóngi

Mein Mann unterbricht ein Telefongespräch, hält den Hörer in der Hand und fragt mich: „Ein Freund von mir fährt nach Messolóngi, soll er uns frischen Fisch mitbringen?“. Spontan wünschte ich mir Aal, *Chéli* auf griechisch – doch ich wusste nicht, worauf ich mich da einließ. Vor meinem geistigen Auge erschien die Limnothálassa, sah ich die weite und stille silbrige Wasserfläche der Lagune von Messolóngi, die Pappelreihen am Ufer, die Schilfgürtel, die hölzernen Bootshäuser, die kleinen schaukelnden Kähne … Ich erinnerte mich daran, wie gern ich an den Bodden der deutschen Ostsee Aal gegessen hatte und dachte an einen Ausflug nach Messolóngi im letzten Sommer, wo wir in den Fischtavernen vergeblich nach Aalgerichten suchten, denn es gibt sie nur zwischen Oktober und Mai. Und jetzt war gerade noch Mai ...

Es handelt sich, so meinte ich immer, eigentlich um einen nördlichen Fisch, doch neben vielen anderen schmackhaften Speisefischen werden jährlich 100.000 Kilogramm Aal in den warmen und seichten Gewässern der Lagunen ganz im Südwesten des griechischen Festlandes gefangen. Dort sind die schlangenartigen Knochenfische (Anguilla anguilla) aber eigentlich nicht zu Hause – ebenso wenig allerdings wie in den nordeuropäischen Breiten –, sondern ihr Geburtsort liegt fast 6.000 Kilometer weiter westlich vor der nordatlantischen Küste in der Sargassosee. Von dort aus erreichen die kleinen noch durchsichtigen Fische nach dreijähriger Reise Europa, wo sie sich in Flüssen, Seen, Lagunen und seichten Küstengewässern dort ansiedeln, wo ihre Eltern lebten, und sich von kleinen Fischen, Würmern,

An der Lagune von Messolónghi

Muscheln und unvorsichtigen Insekten ernähren. Wenn sie nicht auf dem Teller gelandet sind, kehren sie nach einem langen Leben in die Sargassosee zurück, um dort, einmal nur, zu laichen und zu sterben …

Von den Aalen Messolóngis geht eine große Zahl in den Export, – überwiegend nach Italien. Von dort kommen sie möglicherweise geräuchert zurück, denn dies ist eine Zubereitungsart, die in Griechenland ungebräuchlich ist. Hierzulande isst man Aal gebacken, vom Holzkohlenspieß oder eingelegt. – Am Tage nach besagtem Telefonat stand ich hilflos in der Küche vor meinem Spülbecken mit zehn langen, unterschiedlich dünnen glibbrigen „Schlangen". Sie wirkten, als ob sie noch lebten, so rutschten sie übereinander hin: eine Fischart ohne Schuppen, mit besonders vielen Schleimzellen in der Haut. Unsere gemeinsamen Versuche, die Fische auszunehmen, um sie portionsweise in der Tiefkühltruhe zu lagern, waren abendfüllend! Aalglatt, wie es nun mal ihrer Natur entsprach, glitschten sie uns unaufhörlich aus den Händen, und hatten wir es endlich geschafft, sie zu packen, um mit einem Kiemen- und Bauchschnitt die Eingeweide zu entfernen, stellte sich die Frage, wie lange denn dieser Schnitt zu sein habe bei diesen ellen- bis meterlangen Geschöpfen, die nur aus Kopf und Schwanz zu bestehen scheinen. Schließlich hatten wir es geschafft und beugten uns freudig über Kochbücher, griechische und deutsche, um die feinste Zubereitungsart zu finden. Da kam der nächste Schock: Aale, hieß es da gleichermaßen in griechischen wie in deutschen Rezepten, seien zu „enthäuten". Da haben wir sie erst mal eingefroren – mitsamt der Haut.

Ein paar Tage später entschied ich mich mutig für Aal grün, kaufte ein dickes Bündel frischen Dill und befolgte den Tipp unseres Sohnes, der in Deutschland den Anglerschein erworben hat: Ich packte die schlüpfrigen Schlangenfische mit einem Küchentuch am Genick und zog ihnen die Haut mit einem Ruck aus – ganz einfach: wie einen Pullover.

Die nächste Portion wird griechisch zubereitet.

Ein Sommertag am Rathausplatz von Messolónghi. Und danach gibt's Aal!

Unsterbliche Traditionen

Der Film läuft ständig und hat stets ein sichtbar bewegtes Publikum: Gegeben wird die Biographie eines Griechen namens Léon, wohnhaft in einer attischen Gemeinde, fünf Kilometer südlich von Athen. Sie beginnt mit Léons Geburt, zeigt ihn als Kleinkind in der Obhut der Mutter, als Schuljungen in seiner Klasse, beim Sport und beim Militärdienst. Schließlich erwachsen, sehen wir ihn, wie er nach dem Besuch des Gymnastírions, wo er sich sportlichen Übungen hingibt, in froher Gesellschaft seinen Freunden zuprostet, an einer politischen Versammlung teilnimmt und zum ersten Mal wählt. Sogar Olympiasieger darf er werden. Als er 25 Jahre alt ist, verlobt er sich mit der schönen jungen Melíti, und sowie die Aussteuer für den gemeinsamen Hausstand komplett ist, heiraten die beiden. Leider muss Léon schließlich in den Krieg ziehen, und der Film endet mit seinem frühen Tod, führt sogar über diesen hinaus, denn wir sehen Melíti und andere Familienangehörige, wie sie ihn betrauern, bestatten und sein Grab pflegen … Eine langweilige Geschichte? Keineswegs. Der Film ist kurz und spannend. Denn Léon lebte von 458 bis 430 v. Chr.

Die Dokumentation eines typischen Männerlebens der griechischen Antike, gespielt von pantomimisch agierenden Schauspielern und untermalt mit bedeutungsschweren Szenen aus der Vasenmalerei sowie Ausschnitten aus antiken Schriftquellen, läuft im Goulandrís-Museum für kykladische und antike griechische Kunst in Athen.

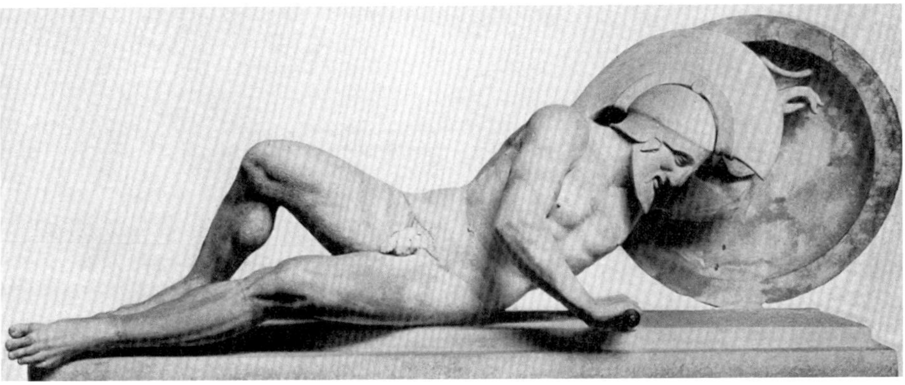

Gefallene Krieger in der Antike (Giebelfiguren des Aphaia-Tempels von Ägina)

Die Mysterien von Eleusis – oder was davon übrig blieb

Die antiken Zeiten und Menschen sind längst dahingeschwunden, doch einzelne Requisiten aus den feierlichen Handlungen des gesellschaftlichen Lebens gibt es immer noch: Traditionen, die sich seit zweieinhalbtausend Jahren in oft nur leicht verwandelter Form erhalten haben. Die heidnische Religion erwies sich als hartnäckig: Pilger zogen noch im 5. Jahrhundert zu den Eleusinischen Mysterien, als sich am Wegrand schon der erste Bau des Klosters Daphni erhob. Die Organisatoren der Frühkirche merkten wohl schließlich, dass sie die Christianisierung schneller erreichten, wenn sie die beliebtesten Volksfeste und -riten einfach umtauften.

Der kleine Léon wurde am fünften Tag nach seiner Geburt im Tempel der Hestía, der göttlichen Hüterin des heimischen Herdes, vorgestellt, das Baby von heute wird am 40. Tag zur Segnung in die Kirche gebracht. Bei seiner Hochzeit brachte Léon ein Weinopfer dar, - wie leicht ließ sich dieser Ritus mit Bezug auf das biblische Weinwunder der Hochzeit von Kana christianisieren, und so wird dem modernen Brautpaar am orthodoxen Altar Wein gereicht. Zum Abschluss der feierlichen Handlung ließen die Hochzeitsgäste einen Regen fruchtbarkeitsbeschwörender und glückbringender Substanzen auf Léon und Melíti niedergehen, genauso wie heute Jánnis und Eléni mit Reis und Blüten überschüttet werden. Die Klagefrauen, die sich an Léons Totenbahre die Haare raufen, findet man zumindest in der Mani immer noch, vielerorts fließen noch Wein und Öl in den Sarg und ein Teller wird auf dem Grab zerschlagen, und die antiken Totenspenden, die Melíti in speziellen Kultgefäßen zum Friedhof trug, setzen sich heute in den *Kóllyva* fort, jener Gabe aus gekochtem Weizen, Zucker, Mandeln und Granatapfelkernen, die den Trauergästen anlässlich der orthodoxen Gedächtnismessen dargereicht wird.

Die Eléni von heute hat freilich eine andere Position in der griechischen Gesellschaft als Melíti, die das Haus nur zur Grabpflege, zum Brunnengang und zu Festivitäten in Begleitung ihrer Familie verlassen durfte. Dass aber zum Beispiel der riesige Stapel an Parteienlisten, den man den heutigen Wählern in die Hand drückt, auf die unzähligen Scherben der Ostraka, die Keramikscherben, mit denen in der Antike abgestimmt wurde, zurückgehen, ist nicht bewiesen.

Sein und Schein

Es ist der unscheinbarste, ruinöseste und zugleich der interessanteste Gegenstand in der Vitrine, die sonst mit schönen, nahezu unbeschädigten Lekythen gefüllt ist: ein Ring von zackigen Scherben im einstigen Schulterbereich einer Grabvase, die ein seltsames, ehemals im Bauch des Gefäßes verstecktes Gebilde umgeben: ein kleines tropfenförmiges Gefäß im Gefäß. Lekythen sind schlanke Kannen mit engem, hohem Hals und breiter Lippe, bestimmt zur reichlichen Aufnahme von parfümiertem Öl, das Toten mit ins Grab gegeben wurde. Das zerbrochene Gefäß im Museum von Erétria (Euböa) offenbart ein einmaliges Geheimnis, das sich auf die Situation oder den Charakter des antiken Grabspenders bezieht: Das durch den ausgeklügelten Einbau des doppelten Hohlraums in seinem Fassungsvolumen wirksam reduzierte Gefäß – das aromatisierte Öl war schließlich teuer und kostbar – verrät Sparsamkeit oder auch Geiz. Das Entscheidende ist aber, dass das niemand von den beim Begräbnis- oder Opferritus Versammelten bemerken sollte.

Zeitensprung: Als ich frisch verheiratet nach Griechenland übersiedelt war und im Verwandten- und Bekanntenkreis meiner neuen Familie „herumgereicht" wurde, fand ich mich in verschiedenen *Salónia* empfangen, die nicht dem entsprachen, was man in Deutschland als Wohnzimmer kennt, sondern prunkvoll dekoriert vor allem für den Empfang von Gästen eingerichtet waren. Wie ich schnell feststellte, unterschieden viele Haushalte besonders der älteren Generation zwischen dem einfacheren Livingroom – der englische Begriff wurde zum griechischen Lehnwort –, in welchem die Familie lebt und eben dem edleren *Salóni*, dem, wenn keine Gäste erwartet werden, abgesperrten, museal gehüteten Paraderaum, wo Kanapee und Polstersessel unter Schonbezügen und chinesische Lampenschirme unter Plastikhauben auf den Moment warten, wo sie wieder Stand und Wohlstand des Hauses repräsentieren dürfen. Historischer Hintergrund für diese Schonpraxis, die in Zeiten enger Wohnverhältnisse einen ganzen Raum von der Benutzung ausschloss, ist eine lange vorherrschende allgemeine Armut, die zu verbergen der Stolz und die Familienehre geboten – doch ursprünglich vielleicht auch der rührende Gedanke, dass für den Gast das Beste bewahrt werden sollte ...

Doch was haben der *Salóni* und das versteckte antike Lekythos-Fläschchen gemeinsam? Was beide so scheinbar verschiedenen Phänomene verbindet, ist das Bedürfnis, nach außen hin Eindruck zu machen und, sollten sich die realen Gegebenheiten nicht mit den gesellschaftlichen Erfordernissen decken, den Schein zu wahren. Die fließenden Grenzen zwischen Sein und Schein gehören, durchaus unschuldig, aber entschieden gelebt, unbedingt zum gesellschaftlichen Auftreten in Griechenland, und nun haben wir sogar einen archäologischen Hinweis darauf, dass das immer schon so war ... In der griechischen Gesellschaft prägt das offen ausgesprochene Motto „Prépi na díchnis káti" – „Du musst etwas (vor)zeigen" viele Unternehmungen und Begegnungen: Beim Einkaufen von Geschenken und bezüglich der eigenen Kleidung – sie sollen möglichst teuer wirken – beim verabredeten Treffen und gemeinsamem Ausgehen und natürlich auch in den Unterhaltungen stellt man seine Persönlichkeit und seine Verhältnisse, beruflich wie private, im besten Licht da und übertreibt dabei auch gern.

Unehrlich ist eigentlich nur der, der nicht angibt!

Vom Goúri, vom Flourí und vom Neid der Götter

Ein 24-Stunden-Parkhaus mitten im Zentrum von Athen, das täglich Hunderte von Autos frequentieren, hat an den Betonflächen seiner Einfahrt einen besonderen Schmuck: Bündel von Knoblauch. Mag sein, dass sich der nächtlich einsam das Tiefgebäude hütende Wächter vor den *Vrikólakes* fürchtet, den keine Ruhe findenden Geistern der Toten oder Vampiren. Es gibt kaum ein Taxi, kaum einen Bus in Griechenland, dessen Armaturenbord und Windschutzscheibe nicht mit Amuletten, Kreuzen, Heiligenbildchen geradezu gespickt sind. Und die Fahrer verstärken diese gesammelte Abwehr des Bösen, indem sie sich bekreuzigen, sobald sie einmal Zeugen einer fremden Karambolage werden.

Auch das Klopfen auf Holz ist weit verbreitet, und solch magische Bannung drohenden Unheils wird uneingeschränkt für notwendig befunden. Möge man vor einer schlechten Veränderung jeder gegenwärtigen Lebenslage verschont bleiben, – wobei es schon hilft, wenn man sein eigenes Glück nicht so laut in den Mund nimmt! Die Furcht vor dem Neid der Götter, dem viele Figuren antiker Mythologie und Dichtung anheim gefallen sind, scheint als Lebensgefühl immer noch lebendig, auch wenn man ihr andere Namen gibt. Wo man nach äonenalter Sitte Opferspeisen für die Toten zubereitet und in manchen Gegenden immer noch für Charon, den Fährmann der Seelen, eine Münze ins Grab legt, da ist auch der Glaube an die Existenz des Bösen Blicks, des *Kakó Máti*, der ebenfalls direkt aus dem Altertum stammt, nur folgerichtig. Er schreibt manchen Leuten die bewusste oder unbewusste Eigenschaft zu, durch Blicke zu schaden. Das Übel kann durch Amulette abgewehrt werden, auf denen ein Auge abgebildet ist, und häufig hat man dieses magische Zeichen auf antiken Gegenständen ausgegraben, doch scheint es durchaus auch anderen orientalischen Kulturen geläufig: So fürchteten sich die Osmanen, denen ihre Religion Bilderverehrung verwehrt, vor den ausdrucksvollen Augen der byzantinischen Heiligen auf den Kirchenwänden, und wenn sie die Gesichter auf Malereien zerstörten, so geschah dies weniger aus Vandalismus denn aus Angst. Heute verbrämt man das Augenamulett als Schmuckstück, als Anhänger fürs Halskettchen oder Ziergegenstand fürs Heim, wo es dann dekorativ über dem Kamin hängt. Doch wenn es, wie so oft, dem Baby ans Kleidchen geheftet wird, und zwar auf Rücken oder Schulter, damit sich das Kind nicht an der Nadel verletzt, dann ist das Augenzeichen als Bannmittel gegen das Böse durchaus ernst gemeint.

All die Unglücksabwender und Glücksbringer in dekorativer Verarbeitung sind unter der Bezeichnung *Goúri* jedem vertraut. Für sie hat sich in Griechenland ein ganzer Markt etabliert, der insbesondere um die Jahreswende Hochkonjunktur hat. Wer dann eine Geschenkhandlung betritt und ein *Goúri* verlangt, wird zu beachtlichen Sortimenten von Granatäpfeln aus Keramik, Silber oder farbigem Glas, kunstvoll umschnörkelten Augenmotiven oder Lebensschiffchen geführt, die dekorativ über filigrane Wellen segeln. Ob sie als kompakte Gegenstände daherkommen, als Bildmotive in Reliefform aufgehängt oder an Kettchen getragen werden können, – ihre Bedeutung ist allen Griechen verständlich: Es sind gleichsam materialisierte Segenswünsche und mithin tief symbolische Geschenke. Als erprobte Talismane haben sie eine lange Tradition im Volksglauben und gehen auf religiöse oder mythische Erfah-

Pittaschneiden der „Dörpfeldianer“ (Absolventen der Deutschen Schule Athen)

rungen zurück. So belanglose Maskottchen wie Schornsteinfeger, rosa Schweinchen, vierblättrige Kleeblätter oder siebenfach gepunktete Marienkäfer sind hingegen absolut unbekannt.

Ein wichtiges *Goúri* ist auch das *Flourí*, und das eine zieht oft das andere nach sich. Das *Flourí* – mit der Betonung auf der Endsilbe – ist eigentlich ein Goldstück (ein Florin), meint aber die meist schlichte Münze, die in der *Vassilópitta* versteckt ist und einem Mitglied der Tafelrunde, einem/r Glücklichen also, einem *Gourlís* oder einer *Gourlídissa*, bei der zeremoniellen Verteilung des Neujahrskuchens zufällt. Der Pitta-Anschnitt prägt als private Sitte die Silvesternacht und den Neujahrstag und als öffentliche Zeremonie den gesamten Monat Januar. Bei größeren Firmen und Vereinen steckt mitunter tatsächlich eine Goldmünze in der Pitta. Wer das *Flourí* findet, erhält als zusätzlichen Preis oft noch ein dekoratives *Goúri* obendrein. Wenn dann die Götter nicht neidisch geworden sind, hält das Glück für das ganze Jahr.

Ti na kánoume? – Was können wir da machen?

Missstände gibt es genug, über die man klagen oder schimpfen kann, und wie wohl tut es doch, wenn andere einstimmen und man sich also bestätigt fühlen kann. Das fängt beim Wetter an: Dieser Mai ist einfach zu wenig warm, hat zu viele Wolken am Himmel. Und am Ende der Unterhaltung nickt man sich resigniert, aber auch zufrieden über den Konsens zu, „ti na kánoume? – was können wir da machen?" Es ist eben so, wie es ist. Die gemeinschaftliche Stimmung zwischen Missmut und Ergebenheit in nicht zu ändernde Tatsachen betrifft die hohen Preise, den Straßenverkehr, die zunehmende Gewalt, immer lockerere Sitten und natürlich die Politik in allen Bereichen. Krisen noch und nöcher.

Und was kann man dagegen tun? – Nun, nichts! Denn die Verantwortlichen tun ja auch nichts, und verantwortlich sind immer die anderen. Wer genau, ist nicht bekannt, jedenfalls „sie": „Ákou, ti mas kánane páli", erzählt einer dem anderen, „Hör mal, was sie uns wieder (an)getan haben!" Doch auch über „ihnen" scheint, noch wie in der Antike, als oberste Instanz ein Schicksal zu walten, das macht, was es will. Egal welche Regierung regiert, egal ob die Übeltäter in Athen, Brüssel, Berlin oder Washington zu suchen sind, alle Übel, einmal aus der Büchse der Pandora (die eigentlich ein ganz großes Fass war) entlassen, erweisen sie sich als unbesiegbar. Und dafür gibt es im heutigen Griechenland diese eine stehende Redewendung: „Ti na kánoume?" „Wir? – Gar nichts".

Meine Schwiegermutter – sie ist über 90 und blickt auf ein erfahrungsreiches Leben zurück – berichtete mir neulich, rote Pusteln an Armen und Beinen vorweisend, dass es dieses Jahr so viele Schnaken („Kounoúpia") gebe wie nie zuvor: Früher war das nicht so, und wer ist daran schuld? „O Dímarchos", sagt sie überzeugt, der neue Bürger-

Demonstranten gegen Sparpolitik am Sýntagmaplatz

meister, der gar nichts mache, die Straßen nicht mehr so oft säubern lasse wie der alte. Ich äußere diesbezüglich Zweifel, rede von erhöhter Luftfeuchtigkeit und rate ihr zu Lotion oder Spray gegen Insekten, die sie aber nicht benutzt. Doch am Ende, als die Plage nicht aufhören will, sind wir uns ganz einig: „Ti na kánoume?“ In meiner deutschen Heimat sagt man „Ei, da kinne mer ja gar nix mache“, aber man sagt es vielleicht weniger regelmäßig.

Von der größten Krise, die wir augenblicklich haben, „der Krise“, will ich hier gar nicht sprechen, denn alle sprechen davon – aber für sie trifft es natürlich auch zu: Sie kam wie eine blinde, launenhafte, schicksalshafte Fügung über Griechenland, und jede Auflehnung, ob Zelte am Sýntagmaplatz oder Taxisperren am Hafen, erweist sich als vergeblich. Tyches blind gelenktes, tückisches Rad rollt unaufhörlich weiter über uns hin. Sogar Götter, oder jedenfalls Halbgötter und die größten Heroen schafften es ja schließlich nicht, das Schicksal zu überlisten: Das war schon ein Hauptthema der antiken Tragödie.

So misslangen eigentlich fast immer die Versuche, sich an den perfekt auf jedes Individuum zugeschnittenen Weissagungen der Orakel zu orientieren. Das Schicksal schlug dann doch zu, nur anders als erwartet. Ödipus ist ein solches Opfer der trügerischen Sicherheit, die seine Eltern nach dem furchtbaren Orakelspruch herzustellen suchten, indem sie den Sohn in der Wildnis aussetzten, damit er nicht den Vater töte und die Mutter heirate. Hilflos ihrem Schicksal preisgegeben waren – da finden sich in der Mythologie Beispiele über Beispiele – Prometheus, der, angeschmiedet am Kaukasus, dem gefräßigen Adler ausgeliefert war; oder Tantalos, durstig und hungrig und nicht in der Lage zuzugreifen auf das, was direkt vor ihm lag; oder Sisyphos – warum ließ er den Stein nicht einfach liegen, der ihm immer wieder entrollte, warum lief er nicht einfach davon? Sie alle konnten ihrem Verhängnis nicht entkommen – ti na kánoume?

Allerdings kamen solche unausweichlichen Schicksale oft als Strafen oder jedenfalls als Konsequenzen daher, zwar verhängt von anderen, aber doch für eigene Sünden.

Ordnungshüter vor dem Parlament

Schöne Hässlichkeit

Viele Reisende können es kaum verkraften, dass die Bewohner dieses Landes pietätlos und unbekümmert ihren Alltag zur Schau stellen. Dass Fernsehantennen und Schornsteine den majestätischen Anblick der Akropolis stören, dass unter vielhundertjährigen Olivenbäumen Bretter deponiert werden oder vor der Mauer des Kástros ein Fahrzeug verrottet. Wellblech auf neoklassizistischen Häuschen, Abfallbündel, die in Erwartung der Müllabfuhr an Zitronenbäumen aufgehängt sind, um streunende Haustiere fernzuhalten, Baumaterial, Blechtonnen und Stacheldraht, den der Wind mit Papier- und Plastikfetzen dekoriert hat, als desillusionierende Vordergrundkulissen vor Traumlandschaften. Das ist Griechenland. Kein Anlass mehr zu Belustigung oder Entschuldigung, wenn es nicht um fehlenden Sinn für schöne Umgebung, sondern um Umweltbelastung geht: wilde Müllkippen an blühenden Abhängen.

Eine eigene Ästhetik: Kaugummis an den Straßenbäumen

Diese Sorglosigkeit, Unwissenheit, Selbstverständlichkeit, mit der man lebt, verbraucht, ersetzt, erneuert, wegwirft, stapelt ... hat ein Phänomen hervorgebracht, das für Kunstwerke, Ansichtspostkarten und unzählige Ferienfotos die gesuchten Motive einer spezifisch griechischen Optik darstellt: die Ästhetik des Hässlichen, eine Harmonie aus Dissonanzen.

Klassisches Beispiel sind die auf weißgekalkter Mauer aufgereihten Nelken in Blechkanistern, in denen vormals Öl oder Schafskäse gedieh. Es sind Stillleben mit einer gewissen Symbolik: Was er irgend noch gebrauchen kann, füllt der Grieche mit Leben. Eine landesspezifische Eigenromantik entwickelt auch der Reiz des Verfalls, – eine alte Tür, von der die Farbe blättert, eine schief in den Angeln hängende eiserne Pforte. Oder die griechische Idylle des Durcheinanders, wobei jedes Dorf im Kleinen bietet, was der Stadtrand von Athen im Extrem aufweist: ein aufgeräumtes Chaos aus Materiallagern zwischen sorgsam geordneten Gärten dort, wo sich die Zeichen der Besiedlung schließlich im Land verlieren bzw. umgekehrt, wo sich Naturschönheit an den Notwendigkeiten und den unentbehrlichen Betätigungen der Menschen bricht.

Griechen sehen das Leben selbst als Maß aller Dinge, und da kann nichts, auch nicht das Schöne und nicht das Hässliche, nur eine Seite haben.

Grüße und Wünsche

Die Höflichkeitsregeln der Griechen folgen geheimnisvollen gesellschaftlichen Zusammenhängen, die man auch nach Jahren nicht durchschaut und deren Paradoxa sich nur durch die Wendung „einerseits - andererseits" beschreiben lassen. Trifft man einen auch nur entfernten Bekannten, so reicht nicht der Gruß, - je nach Tageszeit „Kaliméra" oder „Kalispéra" - sondern ist die höflich-besorgte Frage nach dem Ergehen, „Ti kánete?" - „Wie geht es Ihnen?" absolut obligatorisch. Am Telefon jedoch sieht sich der Anrufer weder zum Gruß noch zur Vorstellung seiner Person bemüßigt. Man hebt den Hörer ab und vernimmt eine anonyme Stimme mit der grußlosen Mitteilung „Den Jánnis will ich" oder in völliger Ersparnis überflüssiger Wörter einfach „den Jánnis ..." Umgekehrt kann es einem passieren, wenn man selbst der Anrufer ist, dass sich der gewünschte Gesprächspartner mit dem Wort meldet „Légete" - „Sprechen Sie", so dass einem selbst jeder freundliche Gruß auf der Zunge erstirbt. Während mir die Frage nach dem Wohlbefinden so in Fleisch und Blut übergegangen ist, dass ich sie auch im Deutschen spontan an den Gruß anhänge und bei Uneingeweihten dabei schon auf sichtliches Befremden gestoßen bin, sehe ich mich bis heute außerstande, den unhöflich wirkenden Telefonton zu akzeptieren.

Einerseits wünscht man bei jedem privaten oder offiziellen Anlass - ob Geburtstag, Namenstag, Jubiläum oder Weihnachten - stereotyp „Chrónia pollá" („Viele Jahre"), andererseits gibt es bei Hochzeiten oder Beerdigungen feste Grußformeln, die ein jeder zu verwenden hat. Man könnte von Floskeln sprechen, wenn sie nicht stets ernst gemeint wären. So wünscht in der endlosen Schlange von Gratulanten ein jeder dem frisch verheirateten Paar „Na zíssete" - „Ihr sollt leben" sowie den Angehörigen „Na tous chäreste" - „Freut euch an ihnen", und an Beerdigungen oder Gedächtnismessen sagt man zum Abschied „Zoí se sas!" - „Leben für Euch!".

Eine weitere Besonderheit ist die Unterscheidung von Grüßen vor dem Fest und während der schon laufenden Feiertage. Namentlich wird das entsprechende Fest nur genannt, wenn es noch in der Zukunft liegt: So werden „Kaló Páscha" und „Kalá Christoújenna" - „Frohe Ostern" und „Frohe Weihnachten" nur, und zwar schon lange vor den Feiertagen gewünscht. Ist das Fest schon im Gange, heißt es wieder schlicht „Chrónia pollá", mit Ausnahme von Ostern, dem Fest aller Feste: Da hat man sich unbedingt mit dem Ausruf „Christós anésti" - „Christus ist auferstanden" zu begrüßen, und man bekommt zur Antwort „Alithós anésti" - „Er ist wahrhaftig auferstanden!", und zwar bis Pfingsten. Vor einer Hochzeit wünscht man dem Brautpaar und den Brauteltern „I Ora i kalí", wobei ein Schuss abergläubische Beschwörung mitschwingt: „Die Stunde sei gut!"

Landestypisch sind auch die guten Wünsche zu Beginn eines neuen Zeitabschnittes, so „Gute Woche", „Guter Monat", zu Schulbeginn wünscht man den Kindern einen „Guten Anfang" und - unfassbar für jeden Ausländer - das „Kaló Chimóna", der Wunsch zu einem „Guten Winter", der just am Ende der Sommerferien ausgesprochen wird, wenn die Sonne bei Temperaturen von über dreißig Grad vom Himmel lacht ...

Die Gebärdensprache

Oft habe ich Griechen beim Telefonieren beobachtet und dabei ihr ausdrucksvolles Mienenspiel und ihre anschaulichen Handbewegungen mit Faszination und auch Bedauern bestaunt, sind sie doch, ach, verschwendet, weil der Gesprächspartner sie ja nicht sehen kann ... Die illustrative griechische Gebärdensprache ist eine nationale Fähigkeit, keinesfalls einstudiert, sondern von echten Emotionen getragen, wobei sie dennoch nicht der Theatralik, der gewollten Demonstration, entbehrt. Man kann sie am besten erleben, wo eine lautlose Verständigung vonnöten ist, – heutzutage vor allem von Autofenster zu Autofenster.

Allerdings wird man dort vor allem der negativen Seite der Ausdruckspalette begegnen, den handfesten Äußerungen von Ärger und Zorn. Gemeint sind nicht etwa so banale Fingerzeichen wie das Vogelzeigen, das in Griechenland eher unbekannt ist. Nein, wenn einem ein Autofahrer mit jäher Vehemenz die ganze gespreizte Handfläche entgegen schleudert, so will er nicht beleidigen, sondern seiner eigenen Verachtung und Wut Ausdruck geben sowie einer symbolischen Bestrafung, die freilich einer psychischen Vernichtung gleichkommt, denn besagte Handbewegung ist die uralte Geste einer Verfluchung. Oft kann man dazu noch ein deutliches „Na!" von den Lippen des Strafenden ablesen, was so viel bedeutet wie: „Da, nimm das von mir, du Elender!"

Und doch kann der gleiche Autofahrer mit den Händen auch ganz weich und dringlich bitten, das sieht dann so aus: Ein ganzer Arm streckt sich aus dem Seitenfenster, wobei Daumen, Zeige- und Mittelfinger, zu einer Spitze zusammengefügt, gegeneinander gerieben werden und gleich darauf der ausgestreckte Zeigefinger den Wunsch präzisiert: „Bitte, lass mich doch hier rein!" Faszinierend auch die durch eine leicht kreisende Bewegung der Hand gestellte Frage „Ti thélis?" – „Was willst du denn eigentlich?": Dazu wird die Handfläche mit graziös gespreizten Fingern nach oben gehalten und drehend hin- und her bewegt. Wird der Zeigefinger nachdrücklich und mehrmals auf die eigenen, leicht gespitzten Lippen gerichtet, so heißt das, durchaus nicht auf eine Begegnung im Auto beschränkt: „Ich will mit Dir reden, lass Dir sagen ..."

Unmissverständliche Geste

Wir haben bei all diesen lautlosen Bekundungen den überaus seltenen, ja vielleicht einmaligen Fall, dass eine durchaus nationale Sprache international verständlich ist, wobei freilich Missverständnisse nicht völlig ausgeschlossen sind. Im „Ton" verkannt wird z. B. von Nicht-Griechen meist die wortlose Verneinung auf eine Frage – eine Geste, die schon Kleinkinder perfekt beherrschen – durch eine langsame und zugleich ruckartige Kopfbewegung von unten nach oben. Nachdruck erhält diese ablehnende Antwort durch Hochziehen der Augenbrauen und hörbares Zungenschnalzen, was unglaublich arrogant, ja beleidigend wirkt, aber tatsächlich nur den Sinn einer schnellen, redesparenden Verneinung hat ...

Feierliche Handlungen

Ob Taufe oder Hochzeit – meist muss man in der Kirche zunächst einmal den Blick nach unten richten, um nicht über die vielen Kabel zu stolpern, die sich über den Fußboden schlängeln oder über die ausgespreizten Dreifüße der Ständer für die Scheinwerfer zu fallen, die sich rings um das Taufbecken oder den Brautaltar drängen. Verglichen mit den Zeiten, wo kirchliche Zeremonien durch den gemeinsamen Glanz von Kerzen und kristallenen Kronleuchtern verklärt wurden, die nun gegenüber den grellen Spots verblassen müssen, haben die heiligen Handlungen im Rampenlicht manches von ihrem geheimnisvollen Zauber verloren. Doch das ist noch verständlich, denn jeder wünscht sich nun einmal von den erhebenden Ereignissen des Lebens perfekte Foto- und Videoerinnerungen.

Ohne Geschrei aus dem Taufbecken!

Über andere merkwürdig pietätlose Nebeneffekte feierlichster Vorgänge bin ich auch nach vielen Jahren in Griechenland immer wieder aufs Neue verblüfft, dabei haben sie durchaus Tradition: Da steht das schöne kupferne Taufbecken in Erwartung des Täuflings, umringt von festlich gekleideten Verwandten und Paten, – und das geweihte Wasser wird in Plastikeimern herangebracht oder gar in Henkelgefäßen, die, wie die Aufschrift zeigt, ursprünglich en gros Öl, Margarine oder Joghurt bargen: ein Eimer mit heißem, der zweite mit kaltem Wasser, die der Pfarrer zusammenrührt, um dann mit den Ellenbogen, über die er die Ärmel hochgekrempelt hat, die Temperatur zu prüfen, bevor er das meist schreiende nackte Kind ganz und gar hinein taucht. Zuvor hat der Priester eine Art Schürze angelegt, auch ein Stück Seife liegt bereit, damit er sich nach der Salbung vom Öl befreien kann, das er vielleicht sogar aus einer Coca-Cola-Flasche in seine Hände und ins Taufwasser geträufelt hat. Die Familie hat für das Baby Badetücher mitgebracht, die nicht immer ihren sonst üblichen Gebrauch für das Strandleben verleugnen können.

So erinnere ich mich besonders eindrücklich an eine Taufszene in einer zyprischen Scheunenkirche, Weltkulturerbe der Unesco, deren Wände mit kostbaren byzantinischen Wandmalereien dekoriert waren. In solcher Umgebung kommt die Verwendung von Plastikgerät einer Schändung gleich. So fühlt es jedenfalls der zufällig in das Szenarium geratene staunende Ausländer, während die orthodoxe Gemeinde die Taufe zwar als ein wichtiges, aber doch ins alltägliche Leben integriertes Ereignis versteht, das eben auch seine praktischen Seiten hat.

Das, was sonst noch zu einer Taufe dazu gehört

Der Namenstag

Ein paar Tage nach meiner Niederlassung in Griechenland im Dezember 1979 wurde ich am 7. Januar mit dem Phänomen Namenstag konfrontiert: Wir hatten am Fest Johannes' des Täufers an ein und demselben Abend drei Jánnis und eine Janna zu besuchen, mit „chrónia pollá" zu beglückwünschen und mit Whisky oder Torte zu beschenken! Bevor wir aufbrachen, gratulierten wir noch mehreren Bekannten telefonisch, die an diesem Abend nicht empfingen, – denn nicht (mehr) alle führen an ihrem Namenstag ein offenes Haus. Da ungefähr die Hälfte aller Griechen – so kommt es mir jedenfalls vor – Jánnis heißt, war das telefonische Durchkommen mit Schwierigkeiten verbunden, und wir wechselten uns am Hörer ab, um irgendwann das Besetztzeichen zu überlisten. Ähnliches widerfuhr uns mit Maria am 15. August, am Tag des Hl. Georg (Jórgos) im April und am Fest der Heiligen Konstantin (Kóstas, Konstantína, Tína, Dína) und Helena (Eléni) am 21. Mai. Als ich, eine um Anpassung bemühte neu-griechische Ehefrau, dann just an Weihnachten (Chrístos) selbst eine Namenstagfeier auszurichten hatte, nachdem wir am Heiligen Abend auf einer bunten Party zu Ehren einer Evgenía gewesen waren und wir am zweiten Feiertag Manólis (Emmanouíl) einen Besuch abstatten mussten, dachte ich an Rückwanderung!

Inzwischen ist auch diese Tradition der Veränderung unterworfen, hat sich die Sitte zumindest in Athen europäisiert, und Namenstagsfeiern besucht man (fast) nur noch auf Einladung bzw. nach telefonischer Anfrage: „Décheste?" – „Empfängt Ihr?".

Hochbetagte Griechen, wenn sie vom Land stammen, sind oft nicht imstande, ihr Alter anzugeben, – nicht jedenfalls auf Tag und Monat genau. Die Wege zum nächsten Meldeamt waren weit und umständlich, wegen der Feldarbeit, in Hitze oder Schnee, über Berge oder gar übers Meer, oft gar nicht zu bewältigen. Im Vergleich zum Behördengang waren Geburten etwas Alltägliches, und in so mancher Familie sammelte man mehrere Kinder, bevor man sich aufmachte, ihre Existenz in ein staatliches Register zu schreiben, – da hatte man den Geburtstag der ersten schon vergessen. Das erklärt vielleicht, warum die Feier von Geburtstagen in Griechenland eine absolut moderne Errungenschaft im Zuge der Übernahme westeuropäischer Traditionen ist. Von städtischen Eltern eingeführt, gilt sie fast nur für Kinder und wird sich nur allmählich für Erwachsene durchsetzen. Doch Ausländer, die nicht gerade das Glück haben, Andreas oder Christina zu heißen, müssen zum Feiern meist auf ihren Geburtstag ausweichen. Wann Dimitris oder Anna geboren sind, kann sich keiner merken, aber die Feste ihrer Heiligen (26. Oktober und 9. Dezember), deren Kirchen zu schmücken sind, deren Legenden und Liturgien man kennt, deren *Panijýria* (Kirchweih) mit Marktbuden und Tanz das Ereignis im Dorf oder im Viertel bilden, wenn gleichzeitig ein Dutzend Namensvettern und -basen im Ort ebenfalls feiern, – das ist allen Verwandten, Freunden, Bekannten, Nachbarn, Kollegen bekannt, und sie mach(t)en unaufgefordert ihre Aufwartung. Dann füllt sich vom frühen bis zum späten Abend das Haus mit Kurzzeit-Gästen, die kommen und gehen, begrüßt und verabschiedet, mit Süßigkeiten, Wasser und Likör (weibliche Gäste) oder Whisky (männliche Gäste) bewirtet werden, oder es ist sogar zur großen Tafel gedeckt und wird zu später Stunde getanzt ...

Von Afrodíti bis Sokrátis stehen merkwürdigerweise auch viele antike Namen im christlichen Kalender, – davon besonders viele im April, wo an einem einzigen Tag, dem 10., gleich drei auftauchen: Epaminóndas, Miltiádis und Periklís. Charakteristisch auch der 1. September, wo der „Diakon Ammun und die ihn begleitenden 40 Jungfrauen und Asketinnen“ feiern, darunter alle neun Musen, die drei Grazien, etliche Göttinnen wie Aphrodite und Athena und Namen wie Antigone, Aspasia und Penelope. Offensichtlich hat man schon früh für jede heidnische Gottheit, die Heroen und Heroinen gleichnamige Heilige gesucht und gefunden. Hier zeigte sich offensichtlich die antike Tradition, sich und den eigenen Namen unsterblich zu machen, indem die Enkel nach den Großeltern zu benennen sind, wichtiger als das Christentum, und die Kirche segnete die überlieferte Sitte ab und ernannte die passenden Heiligen. So kenne ich einen orthodoxen Pfarrer, der seinen Sohn Achilléas taufte. Dass der *Pappoús*, der Opa, heute mit schöner Regelmäßigkeit die Post des Enkels öffnet – und umgekehrt –, weil er sie für seine eigene hält, ist die kleinste der aus der Namensvererbung entstehenden modernen Verwirrungen.

Mädchen, die Agorítsa (Rítsa) heißen, gehören zu den wenigen Menschen, die keinen Namenstag haben, denn dass Bauern ihre erstgeborene Tochter weiblicher Junge nennen, um als nächstes Kind in einer Art von verbaler Magie den begehrten Sohn zu beschwören, war offensichtlich im Kirchenkalender nicht vorgesehen! Für solche Fälle steht aber, vielleicht nachträglich eingerichtet, der Festtag der Àgii Pántes zur Verfügung, der mit Allerheiligen zu übersetzen wäre und all den Heiligen gewidmet ist, von denen vielleicht auch die Kirche nichts weiß (Ähnlich wie es in der Antike den Altar für den unbekannten Gott gab). Da darf dann auch eine Ritsa feiern.

Zur Not kann man den Namenstag sogar in der Taverne feiern

Die Paréa – Clique oder Gesellschaft?

Das Wort *Paréa* ist ein Zauberwort. Es verwandelt jede Unternehmung in eine Freude, erhellt den trüben Tag, ist Lebenselixier und geistiges Manna aller Griechen. Ohne zumindest die Aussicht auf *Paréa* macht nichts Spaß, sind Pflichten drückend, werden Langeweile und Melancholie Dauerzustände.

Paréa ist schwer übersetzbar. Das Lexikon versucht dem Begriff mit mehreren Umschreibungen nahezukommen, von denen aber jede und alle zusammen nur unvollkommen wiedergeben, was *Paréa* ist: „Gesellschaft", „unzertrennliche Freunde", „Clique", „Umgang" ...

Paréa kann der Freundeskreis sein, aber ebenso die Oma, die in der Taverne noch mittanzt, oder das Baby vom Nebentisch, das zur Musik in die Händchen klatscht: die *Paréa* ist Inbegriff der Geselligkeit, des Miteinanders, meint eher Gruppen als traute Zweisamkeit, obwohl auch diese *Paréa* ist. Sie kennt keinen Altersunterschied, umfasst Familie, Nachbarn, Freunde und zufällig sich dazu Gesellende. Entscheidend für das gelungene Beisammensein ist weniger der Einzelne mit seinem Charakter, Alter, Beruf, seiner Bildung oder Herkunft; allem übergeordnet ist vielmehr das augenblickliche, gegenwärtig gemeinsame Interesse oder die gleiche gute Stimmung und Lust an der geplanten Unternehmung, der verabredeten Zusammenkunft.

Natürlich spielte bei der Entwicklung der *Paréa* das Klima eine Rolle. Wenn nach der Tageshitze die Abendbrise jedermann hinauslockt auf Plätze und Promenaden, dann wird persönliche Freizeit zur öffentlichen Angelegenheit.

Paréa bedeutet Nicht-Allein-Sein-Müssen, dazu gehören. Das Phänomen *Paréa* nimmt Gehemmte und Unglückliche auf, verhindert den Ausschluss von Witwen, Alten und Alleinstehenden aus der Gesellschaft, bindet Bauern und Professoren im Rundtanz zusammen. *Paréa* bedeutet auch, die junge Liebe erst einmal vorsichtig im Kreis von Freunden erproben zu können, gibt das Alibi ab für manchen mehr oder weniger versteckten althergebrachten Ehevermittlungs-Versuch, lässt in traditionellen Kreisen immer noch unauffällig den Umgang der Töchter überwachen.

Ohne Worte: Unsere Paréa!

Eingefleischten Individualisten und Eingereisten kann *Paréa* auch zur Last werden, die sie als gesellschaftlichen Zwang zur Geselligkeit empfinden. Andererseits schützt gerade die Gruppe oft auch die Intimsphäre des einzelnen und ermöglicht ein unauffälliges Tête-à-Tête.

Griechen sind nicht gern allein. Das war schon so von alters her. Platon platziert seine philosophischen Betrachtungen in Dialoge und Gastmahle, in der antiken Tragödie tritt zur Stimme des Gewissens ein ganzer Chor zusammen, und wer weiß, vielleicht ist auch die Erfindung der Demokratie nur ein Ergebnis der Lust an Geselligkeit und Diskussion!

Der Tanz: Individualkunst in Gemeinschaft

Oft steht zuerst nur einer auf, der es perfekt kann, breitet die Arme aus, wiegt sich in den Hüften und beginnt den Tanz mit langsamen, kunstvollen, ja feierlich zelebrierten Schritten und Sprüngen, die wirken, als müsse jede Bewegung genau überlegt werden. Und doch agiert er aus dem Stegreif heraus. Auch ist er nicht lang allein, ein heiterer Kreis schließt sich um ihn, aus Männern und Frauen, und nach seinem Solo bleibt er im Mittelpunkt oder wird zum ersten Glied einer Kette, die sich zum wippenden, wogenden Reigen verbindet.

Griechischer Tanz entsteht spontan, ist Ausdruck reiner Lebensfreude und einer einzigartigen Hingabe an den Augenblick, die aber festen Regeln folgt, welche je nach Gegend und örtlicher Tradition variieren, denen aber im allgemeinen ein rhythmischer Wechsel von Vorwärts-, Rückwärtsschreiten und Stehenbleiben zugrunde liegt. Zugleich ist er immer ein Gesellschaftsspiel, eine Form kommunikativen Verständnisses, das nur der Musik bedarf. Die einzelnen Personen ordnen sich nicht oder nur während kurzer Episoden zu Paaren, vielmehr geht das Individuum ganz in der Gruppe auf, erhält dort aber, unabhängig von Geschlecht, Alter, äußerlicher Erscheinung oder Fertigkeit – niemand geniert sich etwa der Figur oder Kleidung wegen – beim zeitweiligen Einzel- oder Vortanzen allseits ein Bravo der Bewunderung ... Früher bot der gemeinschaftliche Tanz auch den Rahmen für Liebessignale, ermöglichte im öffentlichen Raum, unter aller Augen, Mitteilungen, die sonst den strengen Sitten zuwiderliefen – ein Zuruf, ein Winken, ein Augenaufschlag, ein Blick: Im Reigen wurden sie möglich, – zwischen den jungen Männern hier, den jungen Mädchen da ...

Heute erlebt man die traditionellen Tänze bei Hochzeits- und Tauffeiern, zu den Heiligenfesten der Kirchen, den *Panijýria*, und auf vielen dörflichen Weinfestivals.

Bouzouki-Tavernen und touristische Folklore bieten für diese Tanzerlebnisse nur spärlichen Ersatz, zumal sie ein bewusst vereinfachtes, verfälschtes Bild wiedergeben: So ist

Tänzer auf einem peloponnesischen Hirtenfest

der im Ausland zum Inbegriff des griechischen Tanzes ernannte *Sirtáki* gar kein originaler einheimischer Tanz, sondern aus unterschiedlichen Tänzen zusammengesetzt.

Glücklicherweise gibt es in unserer modernen Zeit in vielen Dörfern und Städten Vereine, die die Tanztraditionen und die alten Trachten pflegen. Sie nehmen mit einstudierten Aufführungen an Volksfesten teil und fordern zum Schluss die Anwesenden zum Mittanzen auf.

Nur bei Volksfesten also, sei es mit oder ohne ein solches festes Programm, können Ausländer staunend Augenzeugen dessen werden, was zum Tanz dazugehört: wie in der eben noch ausgiebig mit Essen und Trinken um die Tische versammelten Gesellschaft ganz plötzlich und vehement die Tanzlust aufflammt, wie es auf dem Höhepunkt der Stimmung zwischen die hüpfenden Füße Blumen und klirrend zerschmetternde Teller regnet oder einzelne Tanzende sogar auf die Tische steigen ...
Die gemeinschaftlich getanzten Schritte mögen zwar einfach wirken, sind aber gemäß Herkunft und Musik sehr unterschiedlich und müssen erlernt sein. Von den topographisch verschiedenen Tänzen Griechenlands sind etliche nationales Allgemeingut geworden und werden überall getanzt: der *Syrtós* und der *Kalamatianós*, der *Tsámikos*, der *Chassápikos* und der *Chassaposérvikos*.

Letzterer ist ein leicht und schnell zu erlernender Tanz aus fortschreitenden und auf der Stelle verhaftenden Wipp-Schritten. Gleich mittanzen kann man auch den *Syrtós*, einen flinken Reigentanz im 2/4-Takt, der sich hauptsächlich aus Laufschritten zusammensetzt. Ein Reigentanz ist auch der beliebte *Kalamatianós*, der, wie der Name sagt, rings um die messenische Hauptstadt Kalamáta zu Hause ist. Von antiken Vasenbildern wissen wir, dass er auf einen uralten Tanz zurückgeht, der mit 12 Grundschritten im 7/8-Takt ein homerisches Versmaß aufgreift. Aus der byzantinischen Kaiserzeit, damals beliebt bei allem einfachen Volk, stammt der *Chassápikos*, der Metzgertanz.

Der dekorative *Tsámikos* aus der Gegend des nordepirotischen Tsamouriá, auch *Kléphtikos* genannt, war ursprünglich ein reiner Männer- und Kriegstanz, den die revolutionären Gebirgsfreischärler des 19. Jahrhunderts, die Klephten, tanzten, den heute aber auch Frauen beherrschen. Er hat verschiedene Schwierigkeitsgrade mit acht, zehn, zwölf und sogar 16 Grundschritten und lässt Raum für Drehungen und akrobatische Sprünge, die der erste Tänzer bzw. die erste Tänzerin zelebrieren, die dabei immer das choreographische Programm der ganzen Gruppe bestimmen. Ebenfalls aus dem Epirus, aber seiner Herkunft nach absolut unpolitisch, ist der *Fissoúni,* ein Tanz der spielerisch-fröhlich das mühsame Laufen gegen den Gebirgswind parodiert: Auf drei Schritte vorwärts folgen drei zurück und sogar acht auf der Stelle. Vom Fleck kommt die Gruppe nur, wenn sie mit den Vorwärtsschritten ein wenig weiter ausholt ...

Von den Tänzen Kretas ist der *Pentózalis*, der Fünfschritt, der wohl wichtigste, denn er symbolisiert die schwere Geschichte der Insel: Jeder der fünf Schritte steht für einen verlorenen Aufstand gegen die Osmanen, und jede Pause danach für die Kraft zu neuem Kampf. In einer Verbindung mit Schritten des *Chassápikos* wurde dieser Tanz durch Anthony Quinn in der Verfilmung von Níkos Kazantzákis' Roman „Aléxis Sorbás" als *Sirtáki* weltberühmt.

Vom Póntos, dem Schwarzen Meer, haben Griechen Tänze mit kaukasischen Elementen mitgebracht, die schnelle kurze Schritte mit vibrierenden Körperbewegungen verbinden. Kleinasiatische und kriegerische Elemente enthält auch der *Zeibékikos*, den nur eine Person allein tanzt, – mit ausgestreckten Armen, vorgeneigtem Oberkörper, langsamen ausgreifenden Bewegungen und improvisierten kunstvollen Sprüngen – und hiermit schließt sich der Kreis.

Der Müßiggang

Gut besuchte Cafés, Diskussionsgruppen vor Zeitungsständen, müßige Passanten, lässige Beobachter am Straßenrand, und das zur Hauptberufszeit – ein geläufiges Bild in griechischen Städten. Doch maßgebliche statistische Untersuchungen haben hartnäckige Vorurteile zunichte gemacht: Von allen Völkern Europas schlafen die Griechen am wenigsten und arbeiten am meisten. Zwar werden manche Feiertage montags nachgeholt, wenn sie auf einen Sonntag fallen, aber andererseits haben die meisten Griechen nichts dagegen, auch mal sonntags zu arbeiten. Tatsächlich üben viele Familienväter neben ihrem Hauptberuf oft nach Feierabend noch eine Nebentätigkeit aus und sind dann wirklich von früh bis spät eingespannt. Ob sie die eingenommenen Gelder auch brav versteuern, entwickelte sich zwar gesellschaftspolitisch zur brennenden Frage, aber auf jeden Fall gilt: Von südländischer Trägheit keine Rede. Überhaupt gibt es kaum ein unpassenderes Wort zur Charakterisierung der Hellenen als Trägheit. Denn träge ist der Grieche nie, auch wenn er über Stunden nichts tut – er tut es intensiv. Müßiggang ist hierzulande nicht aller Laster Anfang, sondern eine Tugend zum Kräftesammeln sowie ein Zeichen von Persönlichkeit und persönlicher Freiheit.

Eine weitere Statistik hebt die Langlebigkeit der Griechen hervor, obwohl sie im Zigarettenkonsum weltweit die Spitze halten. Nun ist das Rauchen zwar gesundheitsschädlich, kann andererseits jedoch geradezu als Symbol der Entspannung gelten. Was Griechen alt werden lässt, ist wohl neben der gesunden Mittelmeerkost auch die Kunst, ganz hingegeben an den Augenblick selbst kurze Gelegenheiten zum Nichtstun zu genießen, – Zeit für eine Begegnung, ein Gespräch, eine *vólta*, einen kleinen Rundgang, oder das Mittagsschläfchen zu Hause.

Das griechische Wort für „Ferien", *diakopés*, bedeutet wörtlich „Unterbrechungen", eine Bezeichnung, die das Aussetzen, das Abschalten, das Innehalten betont. Der Strom der täglichen Zwänge und Erfordernisse wird zugunsten des persönlichen Wohlbefindens einfach angehalten. Dabei kann es passieren, dass auch Mitmenschen unfreiwillige Aufenthalte in ihrem Tagesprogramm einlegen müssen: durch die Kaffeepause des Beamten oder den Verkehrsstau, wenn jemand von Autofenster zu Autofenster einen Bekannten entdeckt hat und mitten auf der Fahrspur stehen bleibt und kurz plaudert. (Auch wenn sie noch so sehr schimpfen, die Meisten verstehen das.) Im Unterschied zum deutschen Sprachgebrauch ist „Zeitverschwendung" kein geläufiger Begriff der griechischen Sprache, wohl aber „die Zeit dahin bringen": *Pernáo tin óra mou.* Nichtstun hat mit Faulheit nichts zu tun, sondern bedeutet nach griechischer Philosophie: Einzig und allein nur leben.

„Müßiggang ist aller Laster Anfang" ... nicht so in Griechenland

Heimkehr

Vier Wochen Ferien in Deutschland: Gemischtes, nicht unfreundliches Wetter, herrliche grüne Wiesen, wohlhabende und blitzblanke Dörfer, Autoverkehr ohne Gehupe, geregelte Abfallentsorgung, Ordnung und Sauberkeit. Es war wunderschön.

Kaum sind wir in Patras von der Italienfähre gerollt, empfängt uns die heiße Sommernacht mit dröhnendem Verkehrslärm, Menschenschwärmen in den Straßen, Hupen, Lachen, Rufen. Papier, andere Abfälle und Staub sind, vom Wind aufgewirbelt, allgegenwärtig ... Am nächsten Tag brechen wir so schnell wie möglich zum lang entbehrten Strand auf, da schiebt sich vor unser Auto ein riesiger Lastwagen, beladen mit Bergen von Kies, und macht Anstalten, just vor der Einfahrt zur schmalen Küstenstraße anzuhalten. Ein paar Passanten beobachten interessiert meine böse Miene, hören durchs offene Autofenster meinen empörten Ausruf „na, der wird doch aber nicht hier anhalten ...“ Doch, genau das tut er. Versperrt mir die Einfahrt, der Fahrer steigt aus, eilt achtlos an uns vorbei, stoppt das Fahrrad, das gerade hinter uns herankommt und – hebt die Radfahrerin vom Sattel in seine Arme, küsst sie innig und ausgiebig ... Amüsierte Ausrufe ringsum, allseitiges befreites Lachen, der Fahrer winkt noch einmal Abschied nehmend seiner jungen Frau, Geliebten, Freundin, die er zufällig vom Steuer aus erblickt hatte, sowie dem ganzen Publikum rundum ... steigt ein und fährt davon. Die Einfahrt zum Strand ist frei.

„Das“, sagt mein Sohn, „ist es, was mir in Deutschland gefehlt hat.“

Momentaufnahme aus dem Zentrum Athens

Kyra-Anna und ihre Hühner

Kyra-Anna war unsere Nachbarin. Sie weilt nun schon etliche Jahre nicht mehr unter uns. Nach ihrem Tod ist ihr einziger Sohn weggezogen, und wo ihr Häuschen stand, ihr Schuppen und ihr Hof, erhebt sich jetzt eine vornehme *Polykatikía*, ein Mehrfamilienhaus mit geschwungenen Balkonbrüstungen, Rasen und Rosenrabatten. Frau Anna stammte von der Insel Santorin, sie war ihrem Mann, einem Kunstschreiner, der wesentlich älter war als sie und sie früh als Witwe zurückließ, nach Athen gefolgt und versuchte dort, einiges in ihrem Leben so zu handhaben wie in ihrem Dorf. Den Sohn behütete sie übermäßig, er durfte zum Beispiel nie Autofahren lernen. Sie konnte nicht lesen und nicht schreiben, sie redete laut und lachte viel und zeigte dabei blinkende Goldzähne, die, wer weiß, vielleicht als Teil ihrer Mitgift, unentwegt in ihrem Mund aufblitzten. Wenn ihr Sohn, ein gutmütiger, einzelgängerischer Mensch, morgens mit seiner Aktentasche, die er immer unterm Arm geklemmt hielt, zu Fuß das Haus verlassen hatte, um in irgendeinem Amt eine Bürotätigkeit auszuüben, konnte man sie sehen, wie sie bis zu seiner Heimkehr außerhalb des Hauses waltete und wirkte. In einer hinteren Ecke ihres kleinen Gartens befand sich der mir bis heute einzige in Griechenland bekannte Komposthaufen, auf den sie gewissenhaft ihre Küchenabfälle trug. Von mir auf diese ökologische Pioniertätigkeit angesprochen, sagte sie stolz „Veváos, ftiáchno to chóma móni mou“ – „Sicher, ich mache meine Gartenerde selbst!“ Dieser Satz könnte geradezu eine Metapher für ihr selbstbestimmtes Landleben in der Großstadt sein …

Frau Anna mit zwei Hähnchen

Außer ihrem Sohn waren die offensichtlich wichtigsten Elemente im Leben ihre Hühner, maximal sechs bis acht an der Zahl, darunter immer auch mindestens ein kleiner, aber bunter Hahn. Sie lebten hinter den Holzlatten eines Schuppens in ziemlicher Dunkelheit, in der Mittagszeit jedoch durften sie täglich ein gutes Stündchen spazieren gehen. Da sah man Frau Anna, bekleidet mit einem ihrer bevorzugten graugemusterten Kittel, bewehrt mit einem dicken Stock und gutturale Locklaute ausstoßend, die laut gackernden Hennen über die Straße in den gerade gegenüber liegenden Park hinein treiben. Dort durften sie dann zwischen Piniennadeln und grünem Kraut, in Gesellschaft von Tauben, Spatzen und Amseln scharren und picken, bis sie, krakeelend und protestierend mit den Flügeln schlagend, wieder zurückgejagt wurden in ihr beengtes Verlies.

Das Ergebnis dieser Federviehhaltung waren eine Handvoll kleine braune Eier täglich, von denen Frau Anna uns jeweils zwei stolz über die Mauer reichte. Ich kaufte sie ihr ab und kochte sie unseren Kindern zum Frühstück. Ihr Konkurrent war der *Galatás*, der Milchmann, der jeden Abend auf seinem Dreirad vorbeiknatterte und Milch und Eier ins Haus lieferte. Auch ihn gibt es schon lange nicht mehr.

Damals, in den Achtziger-, ja noch den Neuzigerjahren, war Kyra-Ànna keineswegs die einzige, die, im Hinblick auf das Großstadtleben, ungewöhnliche Haustiere hielt. Am anderen Ende unserer Straße, jenseits einer Kreuzung mit pinienbestandener Verkehrsinsel, befand sich ein Lager für Baustellenbedarf, insbesondere lange Eisenstangen, zwischen denen zwei große weiße Ziegen grasten. Mehrmals ist ihnen der Ausbruch gelungen, und dann musste man in der näheren bis weiteren Nachbarschaft alles in Sicherheit bringen, was nur annähernd – für Ziegen jedenfalls – als essbar zu gelten hatte. Das waren außer den Vorgartenblumen insbesondere Tischdecken und Zeitungen auf Verandatischen … Heute steht auch an der Stelle des Eisenlagers ein Hochhaus, und ich weiß nicht, ob das unbedingt ein Zeichen des Fortschritts ist.

Der Kochtopf im Garten wird schon beheizt.

Unser Freund Nóndas

Die Macht der Frauen in Griechenland war jahrhundertelang, eher verborgen für die Öffentlichkeit, auf die Familie beschränkt. Als Macht der Mütter hatte sie allerdings großen Einfluss auf die Entwicklung der Söhne und prägte deren Selbstbild von „echter Männlichkeit" sowie ihre Sicht auf das gesellschaftliche Rollenverständnis, das sich nur langsam änderte. Zum despotischen Familienoberhaupt heranwachsend blieb mancher Sohn doch immer der „kleine Prinz" der Mutter, dem es eigentlich an Selbstbewusstsein mangelte.

Mit Nóndas waren wir viele Jahre lang gut befreundet, doch nun haben wir uns schon etliche Zeit aus den Augen verloren, etwa seit er pensioniert ist und sich auf die kleine Kykladeninsel zurückgezogen hat, auf der er aufgewachsen ist. Von dort hat er einst einen großen Schritt getan in die weite Welt, – zum Studium nach Deutschland, wo ich ihn kennenlernte. Obwohl er immer wieder eine von Grund auf ängstliche und zögerliche Natur zeigte, indem er in allem und jedem Entscheidungsschwierigkeiten offenbarte, bei Problemen und Problemchen Rat suchend zu uns, zu seiner Mutter und seiner Schwester kam, erfüllte er den heißen Wunsch seiner Mutter nach einem gebildeten und angesehenen Sohn, den sie mit Stolz im Dorf vorzeigen konnte, und wurde Ingenieur. Immer wenn man ihn traf und fragte „Nónda, ti kánis, ísse kalá?" – „Nondas, wie geht es dir, geht es dir gut?" kam die Antwort: „Ochi kä tósso, écho éna próvlima!" – „Nicht so sehr, ich habe ein Problem". Wollte man ihm allerdings helfen, seine sich immer erneuernden Probleme zu lösen, stieß man gleichzeitig auf eine große Sturheit, die sich als unüberwindlich darstellte, wenn es darum ging, Mutter oder Schwester zu widersprechen. Nur in seinem intimsten Privatleben schien er zunächst für sich selbst zu entscheiden und lebte zu einer Zeit, wo solches in Griechenland noch recht verpönt war, mit seiner langjährigen Freundin Eléni, weit weg von der Insel, in einem Athener Vorort in partnerschaftlicher Gemeinschaft zusammen.

Eines Tages kam er mit einem neuen Problem zu uns: Eléni wollte heiraten, und er fürchtete aus welchem Grund auch immer, sie könne keine Kinder bekommen – eine Katastrophe für einen Griechen seiner Generation, und allein der Gedanke an solch ein eventuelles Unglück ließ ihn vor dem Glück zurückschrecken. Wir vermittelten den beiden einen Gynäkologen, der als Koryphäe galt, und siehe da, nach wenigen Monaten war Eléni schwanger und wollte nun erst recht geheiratet werden.

Doch damit wuchs für Nóndas das Problem ins Unermessliche. Er konnte sich nicht zur Heirat entschließen, weil sowohl seine Mutter als auch vor allem seine ältere Schwester, in deren Obhut er von früh an gestellt war und die von Kindheit an immer in allen seinen Angelegenheiten das letzte Wort hatte, gegen seine Wahl waren. „Was soll ich nun tun?", jammerte er ratlos und verzagt, und auch unsere empörte Zurechtweisung „Du hast doch Eléni veranlasst, ihre Fruchtbarkeit nachzuweisen, selbstverständlich müsst ihr jetzt heiraten!" brachte ihn keiner Entscheidung näher, das Machtwort der Schwester hatte mehr Gewicht als Gewissen und Verantwortungsgefühl, geschweige denn Liebe ...

Die wahrhaft dramatische Situation aber löste sich sehr schnell, als Elénis Bruder aus heimatlichen Regionen angereist kam, nämlich von der rauen, immer schon rabiaten, ja blutdurstigen Insel Kreta. Nóndas hatte nun zwar eine neues, jetzt lebensbedrohliches Problem, aber zugleich auch ein überzeugendes Argument, Schwester und Mutter ein-

Da ist noch manche Nuss zu knacken.

mal nicht gehorchen zu müssen. Wir waren nicht in Athen, als er uns verzweifelt suchte. Schließlich fand er uns telefonisch, und wir hörten ihn am anderen Ende der Leitung ächzen: „Ich muss morgen heiraten, – er setzt mir das Messer an den Hals!" So konnten wir auch nicht Trauzeugen sein, und er war gezwungen, sich als *Koumbáros* einen Fremden auf der Straße zu suchen, denn Elénis Bruder wollte auch nicht einen Tag warten.

Ein paar Monate später kam das nächste große Problem auf Nóndas zu und gut zwei Jahre später wiederholte es sich: Die Kinder, die Eléni zur Welt brachte, waren Mädchen! Fragte man damals einen griechischen Dörfler, wie viele Kinder er habe, bekam man zum Beispiel zur Antwort: „Tría pädiá kä éna korítsi" – „Drei Kinder und ein Mädchen". Nach dieser Philosophie ist Nóndas also kinderlos geblieben, – für ihn war es eine große Blamage. Doch Nóndas' Töchter haben sich trotz der väterlichen Einstellung sehr emanzipiert. Vielleicht weil sie die permanente Unentschlossenheit des Vaters früh zu Entscheidungen zwang.

Das Wasser war viel zu tief ...

Ein Samstagvormittag in Athen. Auf die Stadt prasselt seit Stunden heftiger Winterregen. Ich hatte meiner halbwüchsigen Tochter einen Einkaufsbummel durch einen bekannten Kosmetikpalast in Glyfáda versprochen, jenem schicken Stadtteil ganz unten an der Küste. Mit dem Auto ja auch bei diesem Wetter kein Problem. Kein Problem auch das Parken – sozusagen direkt vor der Haustür des Parfümeriemarktes. Doch zwischen jenem und uns dehnt sich ein Fluss – gestern noch eine Straße, die der strömende Regen nun unkenntlich gemacht hat. Nicht nur ist es unmöglich, trockenen Fußes hinüberzukommen – ein Schritt von der Bordsteinkante bedeutet knietiefes Versinken in strudelndem Wasser, das vom Hymettos-Gebirge dem Meer zueilt. Da ist guter Rat teuer. So weit das Auge blickt, keine seichte Stelle, für den Fußgänger keine halbwegs trockene Furt. Es sammeln sich Leute, die hinüberwollen, Frauen zumeist, ein paar verspätete Touristinnen auch und alle mit dem gleichen lockenden, doch unerreichbaren Ziel vor Augen: Das Wasser war viel zu tief ...

Doch da winkt jemand heftig aus einem Autofenster. Ein Lieferwagen der Kosmetikfirma ist es, der vor den verhinderten Passanten seltsame Manöver ausführt. Er wendet mitten auf dem Straßenfluss, stellt sich quer und kommt, das reißende Wasser durchpflügend, direkt auf die Gruppe der staunenden Fußgängerinnen zu, – freudestrahlend öffnet der Fahrer die Schiebetür: „Parakaló, peráste, Kyríes“ – „Bitteschön steigen Sie ein, meine Damen“. Eine Fähre auf Rädern hat den Betrieb aufgenommen. Im Rückwärtsgang durchquert das Auto mit seiner Ladung fassungsloser, in verschiedenen Sprachen durcheinanderredender, lachender, sich im Lieferraum drängender und Halt suchender Fahrgäste die Flut. Und im Nu ist man auf der anderen Seite, rollt den Bordstein hoch und begibt sich aufs zwar nicht trockene, aber doch begehbare andere Straßenufer. Schnell füllt sich das Auto mit Passanten, die in die Gegenrichtung streben ... und es fährt nun hin und her, einmal rückwärts, einmal vorwärts, schifft bis zum Geschäftsschluss unermüdlich die Fußgänger von Straßenseite zu Straßenseite.

Nach dem Regen in die Traufe

Ihr Schimpfen auf die Zustände: „Da sind mal wieder die Gullis verstopft oder gar keine vorhanden, und die natürlichen Regenwasserabflüsse auf dem Berg, die hat man ja alle zugebaut“ usw., usw. ... hat sich in Lachen gelöst. Merke: Auf hausgemachte Katastrophen gibt es in Griechenland auch immer eine hausgemachte Lösung.

Gemütlicher Sonntag

Ein Januarwochenende, und draußen war es kalt und unfreundlich. Wir freuten uns auf einen heimeligen Sonntag zu Hause: Jeder würde machen, was ihm gefiel, ein bisschen arbeiten, ein bisschen faulenzen, Musik hören und fernsehen, gemeinsam würden wir Mittag essen … Mein Mann hatte sich ein paar Dossiers aus dem Büro nach Hause gebracht, um so nebenbei etwas vorzubereiten für die kommende Woche, ich wollte vormittags ins Museum, eine interessante Ausstellung besuchen und von diesem Erlebnis dann den Rest des Sonntags „zehren", – Stoff für eine Unterhaltung, einen Zeitungsartikel auch … Aus diesem Grund schob ich den Sonntagsbraten früh in den Backofen, damit das Essen fertig wäre, wenn ich aufbräche. Er müsste etwa eineinhalb Stunden garen, doch nach zirka 40 Minuten war das ganze Programm zu Ende: Backofen aus, Computer aus, Fernseher aus, Stereoanlage, wo von früh an uns bereits Musik begleitete, ebenfalls aus und alle Lichter dazu!

Als ich – meine erste Tätigkeit nach dem Frühstück – alle Fensterläden öffnete, schwante mir schon Unheil. Da war ein riesiger Baukran vor unser Haus gefahren, und etliche Männer sprangen herab, um … ja, um was zu tun? Drei riesige Betonmasten abzuladen und etliche extrem hohe Leitern und Kabelrollen dazu. Und dann war auf einmal der Strom weg. „Was macht Ihr denn da", fragten wir von unserer Veranda hinab. Sie würden neue Strommasten aufrichten, in der Erde graben, sie einsenken, die Leitungen erst kappen und zum Schluss wieder anschließen. Wie lange das dauern würde? Ja, das wisse man noch nicht, vielleicht bis drei oder fünf Uhr nachmittags. Am Sonntag, am heiligen Sonntag? Wir seien benachrichtigt worden. Mit einem Zettel an der Tür. Aber das

Sonntägliche Arbeit in schwindelnder Höhe

stimmte gar nicht – wir hatten keine Ahnung. Wir hängten uns ans Telefon, das noch funktionierte, während die Heizung schon kalt wurde, und riefen der Reihe nach die Stromwerke unseres Stadtteils, die Polizei und eine übergeordnete Stelle der Stromwerke (griechisch: DEI) an. Die Stromwerke unseres Stadtteils verkündeten per Automatenstimme, dass ihr Amt sonntags – wer hätte das gedacht? – nicht besetzt sei, die Polizei sah sich zum Eingreifen außerstande und verwies uns an die Stromwerke, obwohl wir sie zu überzeugen suchten, dass sogar nach der griechischen Gesetzgebung an Sonn- und Feiertagen öffentliche Arbeiten nur verrichtet werden dürften, wenn sie lebensnotwendig seien. Das zentrale Elektrizitätsamt, dem wir erläuterten, dass der griechische Bürger sich sonntags zu Hause ausruhen wolle, dass er das Recht habe, es warm zu haben und ein schönes Familienmittagessen zu kochen, wies uns darauf hin, dass die uns plagenden sonntäglichen Arbeiten ein Ergolávos, ein beauftragter Subunternehmer, übernommen habe und DEI deshalb nun gar nicht mehr zuständig sei und dass wir uns doch in Geduld üben sollten.

Ich schaltete den Backofen ab und brach zum Museum auf, mein Mann blickte bekümmert auf den toten Computerbildschirm und ging in sein Büro. Als wir mittags hoffnungsvoll zurückkehrten, gab es immer noch keinen Strom und ich bereitete ein kaltes Mahl, das wir uns mit einem Glas innerlich wärmenden Weins zu Gemüte führten. Anschließend kramten wir zusätzliche Wolldecken aus dem Schrank und legten uns zum Mittagsschlaf. Als wir aufwachten, waren alle Lichter an.

Zu guter Letzt entdeckte ich weitab des Hauseingangs an einer Gartenpforte, die wir nie benutzen, zumal sie von Rosendornen umrankt ist, einen zerknitterten Hinweis der Stromwerke, der dort unbeachtet wohl seit Tagen hing. Also hatten wir uns anscheinend den verpatzten Sonntag selbst zuzuschreiben, oder? Jedenfalls folgt daraus: Wenn das geregelte Gleichmaß des Alltags dich einzulullen droht, passiert schließlich etwas, das dich daran erinnert, dass Du in Griechenland lebst, einem außergewöhnlichen Land!

Ohne Strom: Kaffee auf dem Gaskocher

Von Röcken und Hosen

Wenn ich innerhalb Griechenlands auf Reisen gehe, um irgendwo zwischen Makedonien und Kreta Land und Leute, Städte und Dörfer, archäologische Stätten, Berg- oder Küstenregionen zu erkunden, sind mir Hosen, bevorzugt Jeans, und feste Schuhe unentbehrlich. Doch immer kommt auch ein wadenlanger Rock ins Gepäck, eine einfache Stoffhülle mit Gummiband, die man auch in der Handtasche eng zusammenknitteln und schnell über den Kopf streifen kann – für die Klöster.

Sie haben fast immer strenge Bekleidungsvorschriften: Männer dürfen die Klosterkirchen nicht in kurzen, Frauen weder in kurzen noch in langen Hosen betreten. Besonders rigoros werden diese Regeln nach meiner Beobachtung in Nonnenklöstern kontrolliert und durchgesetzt. Es gibt liebenswürdige Klosterfrauen, die freundlich auf einen Stapel solcher von den Schwestern selbst genähter bunter Schlupf-Röcke hinweisen, doch auch häufig Nonnen, unter deren musternden, missbilligenden, tadelnden Blicken Mann und vor allem Frau sich sehr unwohl fühlen. Dann bin ich froh, wenn ich meinen eigenen Rock schon vor der Klosterpforte übergezogen habe, zumal ich nicht gern in Kleidungsstücke steige, die vor mir schon $(x)^n$ andere getragen haben. Außerdem verwandeln diese eigentlich immer plumpen Klosterrock-Ungetüme schicke Hosenträgerinnen im Nu in wandelnde Vogelscheuchen ... Über der attischen Küste bei Kakiá Thálassa (Nähe Lávrio) kenne ich ein besonders traditionsbewusstes Frauenkloster, wo auch das Tragen von Lippenstift und Schminke innerhalb der heiligen Mauern verpönt ist, und auf Zypern konnte ich auf einem Anschlag an der Kirchentür einmal lesen, dass das Küssen der Ikonen mit bemalten Lippen nicht erlaubt sei.

Szenenwechsel: Da saß ich mitten in Athen in einem Straßencafé und schaute müßig den vorbeiflanierenden Menschen zu. Es war ein heißer Sommertag, und nur die Wasserkaskaden auf dem Sýntagma-Platz brachten eine Illusion von Kühlung. Die Mädchen und jungen Frauen, die vorüber spazierten, waren leicht und luftig gekleidet – und oft sehr sexy: superkurze Röckchen, heiße Höschen über langen Beinen, bauchfreie gesmokte Blüschen, tiefe Rückendekolletés und auf den Schultern allenfalls Spaghettiträger. Die sparsamen Stoffstücke glitzerten und glänzten, wie es zur Zeit die Mode verlangt, und übertrugen einen verführerischen Schimmer auch auf die zur Schau getragene braune Haut … Strand- oder Strandbar-Bekleidung mitten in der City? Keiner stört sich daran – man findet sie einfach hübsch, die jungen Frauen.

Und Zeitenwechsel: Vor gar nicht so vielen Jahren, noch in den frühen Neunzigern, wenn Touristinnen aus Europa – und es waren damals ausschließlich und nur Touristinnen – in Strandkleidung mit Hotpants und freizügigem Obenherum durch Athens City schlenderten, blickten ihnen viele staunend, spöttisch oder gar verächtlich hinterher, und man konnte manches Kopfschütteln sehen und missbilligendes Zischen hören. In den Reiseführern wurde damals darauf hingewiesen, dass auch bei größter Hitze in der griechischen Öffentlichkeit nicht allzu viel Haut gezeigt werden sollte. Und auch ich gehörte zu denen, die wünschten, dass die Damen aus den nördlichen Regionen mehr Rücksicht auf das sittliche Empfinden der Griechen nähmen. Damals gab es auch noch viel weniger Hosenträgerinnen in Griechenland, vor allem die mittleren und älteren Jahrgänge hatten noch nicht den Mut gefunden, die ursprünglich Männern vorbehal-

Strenge Kleidungsvorschriften – und ein Schuss Humor

tenen Beinkleider zu probieren. „Ki ópos pas se líga chrónia, tha foréssis pantelónia, Valentína, Valentína" – „wenn Du so weitermachst, wirst Du in ein paar Jahren Hosen tragen, Valentína, Valentína" – besang ein beliebter Volksschlager von Jórgos Mitsákis mit ironisch gefärbter Bewunderung ein sich emanzipierendes Mädchen. Heute tragen die jungen Griechinnen, ob Hosen oder Röcke, selbstbewusst und frei so viel oder so wenig Kleidung, wie es ihnen gefällt. So haben wir hier wieder einen Beweis dafür, dass Griechenland – wo Europa einst seinen Ursprung hatte – über einige Umwege schließlich wieder in Europa „angekommen" ist.

Zurück zum Ausgang: Vergangenes Jahr befand ich mich auf einer Gruppenreise durch Westmakedonien. In der Nähe der Pelzstadt Kastoriá besuchten wir über einem Dorf mit dem liebenswerten Namen Melissótopos (Bienenweide) das Kloster Àgií Anárgyri, einen bunten und fröhlich wirkenden Gebäudekomplex, wo alles, vom Blumentopf auf der Treppengalerie bis zum Dachfirst, farbig bemalt war. Kaum aus dem Reisebus geklettert, mühten sich etliche unserer Damen bereits damit ab, Wickelröcke über ihre Hosen zu drapieren. Da gebot uns ein noch junger, doch wie wir merken sollten in der Klosterhierarchie weit emporgestiegener Mönch, Einhalt. Mit lächelndem Mund aus langem Bart sprach er die Worte: „Sie brauchen Ihre Röcke nicht. Nicht auf Ihre Kleidung, auf Ihr Herz kommt es an. Außerdem trage ich ja einen Rock, der reicht für alle!"

Die zwei Seiten des Egoismus

Es handelt sich um ein Phänomen, das in aller Munde ist, das ich aber, obwohl ich viele Jahre in Griechenland lebe, bis heute noch nicht begriffen habe: „O egoismós“, der Egoismus, der „griechische“ Egoismus wohlgemerkt. Schon in meinen allerersten Griechenlandtagen ist mir dieser Begriff begegnet – schließlich versteht man ihn auch, wenn man noch kaum Griechisch spricht. Nehmen wir an: Jemand verhält sich widersinnig, absolut rätselhaft, seine Ansicht ist bar jeder Vernunft, wird aber äußerst hartnäckig und keiner Argumentation zugänglich weiterhin und endlos vertreten. Das erlebt man hierzulande sowohl im privaten als auch im politischen Bereich immer wieder. Und auf meine erstaunte Frage, die das Phänomen ergründen will, bekomme ich heute wie einst die immer gleiche Antwort; „A, gi' aftó ftéi o egosimós tou“ – „Ah, daran ist sein Egoismus schuld!“.

Egoistisch waren und sind für mich Menschen, die nur an sich denken, die ihre Ziele und Wünsche oft auf Kosten anderer erreichen wollen. Sie verhalten sich rücksichtslos statt rücksichtsvoll, versuchen sich durchzusetzen – dies aber bezüglich ganz konkreter Dinge oder Absichten, die sie sich zurechtgelegt haben und sich nun nicht von einem anderen vermasseln lassen wollen. Absurde Behauptungen oder Meinungen aber, die a priori an sich schon widerlegt sind, wie kann man sie wider besseres Wissen aufrechterhalten? Wie kann man in den strahlend blauen Himmel gucken und sagen: „Es regnet“? So absurd ist mir solch (griechisch-)egoistisches Verhalten jedenfalls schon oft vorkommen.

Nehmen wir die politische Seite. Da gibt es in Griechenland, grob gesagt, zwei Richtungen: links und rechts. Sie werden jeweils von zwei riesigen Gruppierungen (die sich zum Teil auch jeweils zersplittert haben) vertreten. Und zwar – das ist das Entscheidende – für immer und ewig. Wer links war, bleibt links, wer rechts war, bleibt rechts. Ausnahmen bestätigen die Regel. Ich kenne jedenfalls auf beiden Seiten des Spektrums viele, ja sehr viele Leute, die keinerlei Fehler „ihrer“ politischen Partei anerkennen wollen und ihre Überzeugungen heute ebenso stur vertreten wie vor dreißig Jahren – einer der Gründe dafür, warum sich bestimmte Politiker oder ihre Familien generationenlang halten können (auf beiden Seiten, wohl gemerkt). Durch die Wirtschaftskrise scheint aber auch in der Politik einiges durcheinander gewirbelt zu werden.

Das Wort Egoismus ist nach deutschem Sprachverständnis ein absolut negativ belasteter Begriff: Ein Egoist hat einen selbstsüchtigen Charakterzug, dem man nichts Gutes abgewinnen kann. Nicht aber im griechischen Sprachgebrauch. „Egoismós“ gehört zu jenen, recht zahlreichen, Begriffen, die – generell eine typisch griechische Eigenschaft – zwei Seiten haben, eine positive und eine negative. Beispiel: Da hat sich jemand auf irgendeine Weise übervorteilen lassen und klagt gegenüber einem dritten darüber. Der fragt „Ja, warum lässt du dir das gefallen? Den échis egoismó?“ oder: „Pou íne o egoismós sou?“ Auf Deutsch würde man fragen „Wo ist dein Selbstwertgefühl?“

Zum griechischen Selbstwertgefühl gehört das Recht aufs Rechthaben. Da weicht man vor der einmal geäußerten Ansicht oder einer einmal getroffenen Entscheidung nicht ab, weil es als Teil eines Gesichtsverlustes gedeutet werden könnte.

In unendlicher Reihe …

Der große Lastwagen quält sich von der Küste her die leichte Steigung hinan und biegt in die Nationalstraße Patras-Korinth ein. Sein Ziel ist wie bei vielen hundert Speditionsfahrzeugen dieser Art, die heute, morgen und täglich von den Italienfähren rollen, Athen. In der Gegenrichtung kommen ihm unzählige andere entgegen, und im Hafen sammeln sie sich alle, gerade vom Schiff gerollte und bald an Bord gehende füllen die Kais dicht an dicht – fünf oder sechs große Linienfähren warten in den trüben Wassern auf der anderen Seite der Hafenmauer, die Bugtore über den Rampen wie gewaltige Mäuler aufgesperrt. Gerade sind wir, auf dem Heimweg von einer Spazierfahrt, die gesamte Hafenlänge entlanggefahren und haben diesen kolossalen Betrieb wahrgenommen, der eine relativ kleine Provinzhauptstadt zum Einfallstor für Mittel- und Westeuropa hat werden lassen. In der südlichen Strandregion werden bereits gewaltige Erdmassen für ein neues Hafenbecken ausgehoben.

Der italienische Sattelschlepper, der eben auf die Nationalstraße gerollt ist, ein prachtvoller, neu glänzender Koloss – auf den Ladewänden verkünden in knalligen Schriftzügen die Wörter „Trasporti Siciliani“ seine Herkunft – schiebt sich nun vor uns in den Stau vor der Mautgebührenstation. „Moment mal, still“, sagt mein Mann und legt die Hand ans Ohr, öffnet das Autofenster. Wir hörten dunkle, aufgeregte Laute, doch eindeutig Menschenrufe: Zwischen den Achsen und dem Ladeaufbau des Lastenanhängers

wird ein Mann sichtbar, schmal, zerzaust, dunkelhäutig. Und erschreckend zerbrechlich wirkt er da, wie er sich gleichzeitig festklammert und verzweifelt loslösen will und um Aufmerksamkeit schreit. Der Lastzug hält an, wir steigen aus, der Fahrer springt auf die Straße, eilt gestikulierend nach hinten, steht fassungslos vor dem jungen Mann aus Afghanistan oder Bangladesch oder aus welchem Land auch immer er kommt. Blitzschnell hat der blinde Passagier die Beine in die Hand genommen und sprintet davon, über die Straße, zurück in den Schutz des Hafens. Noch einmal davongekommen! Er wird es hoffnungslos-entschlossen wieder versuchen und wahrscheinlich wieder unter Lebensgefahr. Das nächste Mal wird er sicher gehen, dass er sich in die richtige Richtung hin versteckt.

Das Schiffsabfertigungsgelände mit Hafenpolizei- und Passbehörden, Check-In-Schaltern, Zollamt und Parkplätzen ist von der zentralen Uferstraße in Patras' Innenstadt durch schlichte Maschendrahtzäune abgetrennt, doch seit einiger Zeit rollen sich Spiralen aus Stacheldraht darüber hin. Davor stehen sie, in Abständen, die ganze Länge der Kais entlang, einzeln, zu zweit und manchmal wie in Menschentrauben. Sie haken ihre Finger in die Zaunöffnungen oder blicken auch nur hindurch, immer in dieselbe Richtung – dahin, wo sich die hohen Schiffe erheben, dahin, wo Italien liegen muss … Und dort, wo sich die organisierte Küste der Stadt Patras allmählich zerfranst in kleine Fischerei- und Sporthäfen, sperrige Blöcke von Wellenbrechern, Baumgruppen, Sandhügel und vereinzelte Fischtavernen, kurz bevor am Horizont die Seilgespinste der prachtvollen Hängebrücke von Río-Antírrio aufragen, da kommen sie den Bürgersteig entlang gelaufen – Asiaten die meisten, aber auch Afrikaner …

Ehe die Speditionsfahrzeuge zum Fährhafen gelangen, haben sie auf der Küstenstraße mehrere mit Ampeln gesicherte Kreuzungen zu passieren. Dort halten sich jeweils Gruppen von Migranten halb versteckt im Hintergrund, solange grünes Licht leuchtet, und lauern auf den Moment, wo die Ampel auf Rot schaltet: Denn vielleicht muss dann so ein riesiger Lastwagen anhalten, und der eine oder andere aus kann aufspringen. Doch die Fahrer wissen Bescheid, und so mancher riesiger Truck donnert deswegen auch bei Rot über die Kreuzung hinweg. Vor den Schiffen warten strenge Kontrollen und drohen schließlich harte Strafen, auch wenn sie unwissentlich einen Blinden Passagier beherbergen.

Neubauten stehen am Stadtrand entlang der Küste, die entweder permanente Bauruinen oder nicht bezogen sind, weil niemand dort wohnen will. Sie sind besetzt. Auf den Geländern vor glaslosen Fensterlöchern hängen Decken, Teppich- und Kleidungsstücke der Heimatlosen. In größeren Zeiträumen rücken immer wieder Polizeieinheiten an und „räumen" diese Unterstände. Eine längere Weile von Tagen und Wochen sind dann die Balkonbrüstungen der Bauruinen frei, und wer bei solchen Aktionen nicht wegtransportiert wurde, campt nun in den Brach- und Grünflächen der Küstenlinie, unter Bäumen, zwischen Büschen, Sand- und Geröllhaufen. Viele der Migranten, wie inzwischen fast täglich auch in Athen, werden schließlich Opfer der Gewalt rechtsradikaler Schlägertrupps oder der Aggressionen gestresster Bürger einer Stadt, die sich im Belagerungszustand wähnt. Geschlagen, verjagt, gesammelt, abgeführt – sie kommen immer wieder.

Vermeintlich solider Wohlstand

Der mythische König Midas hatte einen Wunsch frei und wünschte sich, dass alles, was er berühre, zu Gold werde. Sein Wunsch wurde erfüllt, so dass der reiche König schließlich vom Hungertod bedroht war, denn Gold kann man nicht essen ... Als die meisten Griechen noch, wenn nicht unbedingt arm, so doch bescheiden lebten, auf ihren Dörfern und Inseln oder im noch überschaubaren Athen, sehnten sich freilich viele nach einem besseren, sorgloseren Leben, doch der Sinn dieser Generation zielte nicht auf die Reichtümer eines Midas, sondern auf Sicherheit. Dies war der Grund für eine jahrzehntelange Landflucht - in die große Stadt und auch ins Ausland, z. B. als „Gastarbeiter" nach Deutschland.

Meine Schwiegereltern waren als Kinder mit den Eltern aus Kleinasien geflohen und fanden sich nach verlorenem, recht bedeutendem Reichtum verarmt in einer Athener Flüchtlingssiedlung wieder. Danach kam der Zweite Weltkrieg mit der deutschen Besatzung, der Bürgerkrieg, die Junta: Diese Generation wusste, was „Krise" heißt. In unserer Familie reagierte sie auf diese Erfahrungen: Man hortete Hülsenfrüchte, Makkaroni, Zucker, Mehl und vor allem Öl, kanisterweise Olivenöl. Das nächste Ziel, für das sie hart arbeiteten, war dann der Erwerb eines Grundstücks und der Bau eines Hauses.

Ehemals repräsentative Altbauten in der Patission-Straße

Eigentlich alle, die einst vom Lande in eine größere Stadt zogen, erwarben sich so schnell wie möglich ein Eigenheim, – oft eine mehrstöckige „Polykatikía“, ein „Mehrfamilienhaus“, mit so viel Stockwerken wie man Kinder hatte: eine Wohnung für die Tochter, für sie vor allem, denn die Tradition der Mitgift, die einst das Mädchen absichern sollte, diese Tradition der „Príka“, spukte noch lange nach ihrer amtlichen Abschaffung durch die Köpfe. Erstrebenswert war aber auch eine Wohnung für den Sohn.

Nun ist Griechenland von einer Krise eingeholt worden, von der viele glaubten, sie hätten gegen sie „an-“gebaut. Doch plötzlich erweist sich der vermeintliche solide Wohlstand als trügerisch. Immer wieder kommt es in diesen Tagen und Wochen zum schicksalhaften Absturz von Menschen, die sich abgesichert wähnten. Völlig korrekt wirtschaftende Familien sehen sich überraschend mit dem nie für möglich gehaltenen Problem konfrontiert, eventuell ihr Eigenheim nicht mehr halten zu können. So macht auch der Besitz mehrerer Immobilien nicht mehr „satt“, wenn man sie nicht mehr veräußern oder vermieten kann. Plötzlich erhebt der Staat – „automatisch“ eingefordert mit der Stromrechnung – Sondersteuern, die an die Höhe der ein Leben lang sorgfältig vermiedenen Mieten heranreichen.

Ich kenne einen jungen Familienvater, einziger Sohn eines tüchtigen Konditors, der einst ein eigenes kleines „Zacharoplastíon“ in der Pláka besaß. Die Eltern hinterließen dem Sohn drei Wohnungen in einem renommierten Wohngebiet im Stadtzentrum von Athen, in der Nähe des Archäologischen Nationalmuseums. Zusätzlich zu seinem eigenen recht bescheidenen Einkommen als Staatsangestellter und mit dem Gehalt seiner ebenfalls als Beamtin tätigen Frau konnte Periklís mit diesen Mieteinnahmen seiner vierköpfigen Familie einen angenehmen Lebensstandard bieten und seine Kinder mit Fremdsprachenunterricht und dem Erlernen eines Musikinstruments fördern. Nun ist Georgía, seine Frau, entlassen und sein eigener Amtsstuhl wackelt ebenfalls: Der aufgeblähte bürokratische „Apparat“ soll ja abgebaut werden. Er besteht jedoch aus Menschen. Das Viertel, in dem Periklís‘ Wohnungen liegen, hat wegen der Schließung zahlreicher Traditionsgeschäfte, des Wegzugs Alteingesessener und zunehmender Ansiedlung von Migranten an Prestige und Wert verloren, – eine von Periklís’ Wohnungen steht nun schon lange leer …

Karin S. besitzt gemeinsam mit ihrem gealterten, gebrechlichen Mann in eben dieser Gegend, in der einst von vornehmen, repräsentativen Altbauten geprägten Patissíon-Straße, eine Wohnung: Marmorstufen im Eingang, hohe Decken in den Zimmern, Stuckleisten am Plafond, hochragende Fenster, die auf eine immer mehr verelendende Umgebung blicken. Aus Liebe ist sie vor Jahrzehnten aus einem mitteleuropäischen Land zu ihrem Griechen gezogen. Kinder hat das Paar nicht, und die schöne große Wohnung war die Investition für ihr Alter. Sie zogen aus ihr aus, vermieteten sie wertgerecht und übersiedelten auf der Basis ihrer Rente und der Mieteinnahmen in ein vorbildliches Altenpflegeheim, in dem sie sich wohl, geborgen und vor den Unbilden des fortschreitenden Älterwerdens gesichert fühlten. Doch wie alle griechischen Renten ist auch ihre drastisch gekürzt worden. Ihre Wohnung war aber bald nur noch weit unter Wert und dann gar nicht mehr vermietbar. Das alte Ehepaar ist jüngst aus der sicheren Obhut des Altersheims zurückgezogen in sein einsames Eigenheim.

Zwei Beispiele von unzähligen dafür, wie in Griechenland aus sorgfältig geplanter Sicherheit akute Unsicherheit für die Gegenwart und die Zukunft geworden ist.

Bildung des Herzens

„Kalá íme, dóxa to Theó“ – „Gut geht es mir, Gott sei Dank“, sagt Dimítrios und lacht. 95 Jahre ist er alt und lacht fast immer. Man nennt ihn nicht „Dimítris“, wie es üblich ist, sondern „Dimitrós“, so wie man in seiner kleinasiatischen Heimat zu sagen pflegte. Die Krise, – was meint er dazu? Viele Krisen und Probleme habe er überstanden, Kriege, die Hungersnot unter der deutschen Besatzung, den Bürgerkrieg, eine schwere Kindheit ohne Eltern, doch – Gott sei Dank – mit seiner Frau, seiner Katerína, sei er immer noch zusammen, drei Kinder habe er mit ihr aufgezogen und studieren lassen, ein Haus gebaut, gute Enkel habe er auch. „Kalá íme!“ sagt er wieder. Eine neue Krise? Sie interessiert ihn nicht – nach all den überstandenen …

Er war fünf Jahre alt, als ihn irgendjemand auf ein Schiff setzte, 1922 in Smyrna, als alle Griechen zu flüchten versuchten, – viele vergeblich. Da war er schon Waise, in Piräus holte ihn die bereits früher emigrierte Großmutter ab. Er lebte mit ihr in der Kleinasiatensiedlung von Kässarianí – die kleinen Steinhäuser stehen heute unter Denkmalschutz. Als Junge von acht Jahren schon steuerte er zum Unterhalt ihres kargen Haushaltes bei. Jemand hatte ihm ein altes Fahrrad gegeben, damit machte er Botendienste. Später, nach dem Krieg, sollte es ein Lastwagen sein, mit dem er für eine Fabrik Wasch- und Reinigungsmittel von Athen nach Thessaloniki, Patras und

Katerína und Dimitrós

anderswohin transportierte. Dabei fand er so viel Anerkennung bei dem Unternehmer, dass dieser ihm schließlich eine leitende Position anvertraute. Die Arbeiter und Arbeiterinnen im Betrieb verehrten ihn, an seinem Namenstag rufen manche noch immer an und fragen nach dem Befinden von Bárba-Mítsos. Darauf ist er stolz: „Óli m' agapoússane“ – „Alle liebten mich“.

Das Fahrrad, sein erster Arbeitsplatz, wurde auch sein Hobby, das Ein und Alles seiner Jugend. In den 1930ern war er einer der bekanntesten Radsportler Griechenlands, auf Langstrecken und im Team ging es auf die „Tour de Peloponnèse“ oder durch die „Stérea-Elláda“, Zentralgriechenland, hinauf und hinunter. Wenn er erzählt, wie sie damals in den Dörfern und Städten, die er durchfuhr, bejubelt und bewirtet wurden, leuchten seine Augen, und dann holt er das Kästchen mit den vergilbten Zeitungsausschnitten hervor, und von den alten Fotos lacht mich ein junger Radler strahlend an. Das Lachen ist dasselbe geblieben. „Und von überall brachte ich was mit nach Hause, Öl aus Kalamáta, Halvás aus Thessaloniki, Würste aus Trípolis …“ Schließlich war er zur „Tour de France“ eingeladen, – doch da brach der Krieg aus. Noch mit weit über 80 fuhr er mit dem Fahrrad zum Brotkaufen, und zu jedem Sportfest seines alten Vereins, der AEK (Athlitikí Énossis Konstantinoupóleos, gegründet von ehemaligen griechischen Einwohnern Istanbuls), ist er als Ehrengast geladen, gemeinsam mit den damaligen Mannschaftsfreunden. Vor ein paar Jahren waren sie noch vier Radler, dann drei, jetzt ist er allein übriggeblieben und will nicht mehr hingehen …

Dass er auch in den schwersten Zeiten „immer Geld in der Tasche“ hatte, erfüllt den Pappoús noch heute mit Stolz, denn alles, was er erlernte, wusste er nutzbringend anzuwenden: Als Jugendlicher half er aus beim *Kouréas*, beim Herrenfriseur, wo er weiße Tücher herbeibrachte, die Haarschnipsel zusammenkehrte, Zeitungen verteilte, ausrasierte Nacken auspinselte und Wangen abpuderte und ganz nebenbei das Friseurhandwerk so gut lernte, dass er im Athener Stadtviertel Pangráti mit einem Kompagnon selbst einen Laden eröffnete. Auch damit war es vorbei, als der Krieg ausbrach. Doch auch bei seiner Einheit da oben in Makedonien wurden seine Haarschneidekünste gebraucht, und dank der Zufriedenheit von Offizieren hatte er wieder „Geld in der Tasche“ … Lange, lange danach konnte ich oft zuschauen, wie er seinen Enkelkindern die Haare schnitt.

„Allá den íme morfoménos“, sagt er bedauernd, „Bildung habe ich nicht erworben, ich konnte ja kaum zur Schule gehen“. Wenn ich den alten Herrn besuche, sitzt er auf seinem Sofa oder, im Sommer, auf der Veranda des Hauses, das er in den Fünfzigerjahren für seine Familie gebaut hat, fern von der ehemaligen Flüchtlingssiedlung, in einem grünen Stadtteil am Fuß des Hymettos – und liest. Stapel von Büchern hat er neben sich, liest sich durch heimatliche Geschichte und Traditionen, Themen, die die Erinnerung aufrecht halten an ein reiches Leben, in dem Schwierigkeiten, die zu überwinden waren, zur Zufriedenheit beitrugen: „Dóxa to Theó, óla ta kataférame – Gott sei Dank, alles haben wir geschafft“. Die Redensart von der Bildung des Herzens – hier stimmt sie.

88

Dr. Ursula Spindler-Niros

1948 geboren und aufgewachsen in Saarbrücken. Altsprachliches Gymnasium mit sechs Jahren Altgriechisch. 1966-76 Studium der Kunstgeschichte, Germanistik und Klassischen Archäologie in Saarbrücken und München. Sie promovierte zum Doktor mit dem Thema „Farbigkeit in bayerischen Kirchenräumen des 18. Jahrhunderts". Volontariat bei der *Saarbrücker Zeitung* und Ausbildung zur Redakteurin in fast allen Ressorts. Schwerpunkt Kultur- und Kunstbesprechungen, danach freiberuflich tätig als Journalistin. 1979 Umzug nach Athen und als Betätigungsfeld hauptsächlich Familie. Mehrere Reiseführer über Griechenland. Seit 1992 freie Mitarbeiterin der deutschsprachigen *Athener Zeitung* und ihrer Nachfolgerin, der *Griechenland Zeitung*. Themen: Kunstbesprechungen, Archäologie, Tourismus und Feuilletons.

Nachweis der Abbildungen

Waltraud Alberti: Seiten 62, 78, 103 o.

Eurokinissi Photopress: Seiten 72 u., 81, 86, 87, 98, 121, 122, 125, 144, 159, 160, 163, 165

GZ-Redaktion: Seiten 11, 16 r., 24, 28, 31, 38, 56, 95, 96, 105, 106, 107, 109, 111, 139, 140, 141, 142, 153

GZ-Bibliothek: Seiten 135, 29

Jan Hübel: Cover und Seiten 5, 6, 7, 10, 12, 14, 18, 20, 22, 23, 26, 30, 33, 36, 40, 42, 44, 45, 46, 47, 48, 50, 52, 59, 60, 63, 64, 65, 68, 69, 72 o., 75 o., 77, 79, 80, 83, 89, 91, 92, 97, 103 u., 114, 116, 117, 119, 123, 127, 130, 132, 133, 134, 136, 148, 149, 154, 156, 158, 161, 167, 171, 172, 173

Andreas Krause: Seiten 13, 16 l., 34, 35, 70, 75 u., 113

Stefan Krause: Seite 146

Ursula Spindler-Niros: Seiten 55, 67, 100, 128, 145, 150, 155, 169

Schwarzweißabbildung im Vorsatz: **Archiv Deutsches Archäologisches Institut Athen**

Schwarzweißabbildung im Nachsatz: **GZ-Redaktion**

Wir bedanken uns bei allen Kolleginnen und Kollegen, die uns bei der Zusammenstellung des Bildmaterials tatkräftig unterstützt haben.
Verlag der Griechenland Zeitung

Inhaltsverzeichnis